JN122756

境域の近世

慶長戦役後の琉球と薩摩

上原兼善

榕樹書林

はじめに

一六世紀末から、東アジアは豊臣秀吉の朝鮮侵攻、島津氏の琉球出兵、後金国の朝鮮侵入、明の制圧と、約半世紀間にわたって動乱が続いたが、一七世紀後半から一九世紀前半くらいまで、ほぼ二世紀にわたって平和がつづく。荒野泰典氏によれば、それは「海禁」と「華夷秩序」という要素（あるいは原則）によって国際関係が構築されていたことによる、とされる。すなわち、江戸時代の日本は「鎖国」というけれど、薩摩・琉球口を含めて長崎口・対馬口・蝦夷口という四つの口が開かれ（「海禁」）、政治的には「中華」（明）を中心とした国際秩序から自立して自国を中心とした国際秩序、いわゆる「日本型華夷秩序」なるものが創り出されていた。具体的には四つの口と関わりをもつ朝鮮・琉球は「通信国」、中国・オランダは「通商国」、蝦夷地（アイヌ）は「撫育」（慈しみ養う）対象という三つの範疇で編成されていたとする（荒野：一九八八年、同：二〇一九年）。

こうしたシステムが平和維持に機能したとはいえ、華夷的に編成されたものであったから、内に矛盾をかかえることになった。中でも一歩間違えば逆に東アジアで火種になる可能性を秘めていたのは琉球・薩摩口であったといえる。内なる反発は当然、琉球は日本に臣従しながら中国とも従属関係を結んでいたから、いずれかの支配国が主権を主張すればたちまち東アジアの平和は崩れてしまう。したがって両属体制は琉球の主導のもと直接琉球支配にあたった島津氏の合意を得てとりつけられ、一九世紀まで隠蔽され続けられることになったが（紙屋敦之：一九九〇年、豊見山和行：二〇一〇年）、近代国民国家の形成の時を迎えて日清間でその主権が争われることになるのは周知の事実である。

渡辺美季氏がその著書で整理するように（渡辺：二〇一二年）、琉球史研究の先達である伊波普猷氏などはこの両属関係を「御都合主義・内股膏薬主義」と批判したが（伊波：一九六二年〈四八六頁〉）、これに対してもう一人の先達東恩納寛惇氏は「両属主義」は琉球がその国家の存続を担保するための外交政策であったと解した（東恩納：一九七八年〈五〇頁〉）。渡辺氏はこの東恩納氏の見解のほうが、「東アジア国際関係の中で構造的に把握しようとしている点で注目すべき視角」（渡辺：二〇一二〈七頁〉）とする。しかしそうした視角を修正ないしは実証的に検討する作業は十分ではないとし、清日への臣従から生じる諸矛盾に琉球がどのように対応していたのかを具体的に検討し、その清日の狭間における国際的位置が安定的に維持された要因を琉球の側から探ろうとした（渡辺：二〇一二年〈一六頁〉）。

琉球の主体性を見極めようとする視点はこれまでなかったわけではない。豊見山和行氏の研究（豊見山：二〇〇四年）にはそれがうかがえるし、私も論考の端々で触れたことがある。ただし私の場合、どちらかといえば渡辺氏が批判する順逆（恭順と反逆）の視点が強かった。そのため琉球を支配される客体と捉える場合が多かったのである。本書ではそうしたこれまでの研究視角がやや頑なであったことの反省の上に立って、琉球を主体とする視点からあらためて琉日関係を捉え直してみたい。それも対幕関係というより、その一段下の現実に琉球支配にあたった島津氏との関係に視点を据えることにする。これまで琉日関係の研究はどちらかといえば江戸参府儀礼、いわゆる「江戸立」を基軸に進められ、多くの成果をあげてきた（宮城栄昌：一九八二年、横山學：一九八七年・板屋徹：二〇一五年など）。そうした対幕関係の研究蓄積をみるといっぽうの薩琉関係の推移が気になる。双方の間には対幕関係とちがって儀礼はもちろん、政治・経済・外交上の諸領域にわたって生々しい交渉が繰り広げられた。それについて端的に語ってくれるのは「中山世譜」附巻（以下「世譜」附巻と略記する）や『大和江御使者記　全』（以下『御使者記』と略記する）などである。「世譜」附巻はよく知られているように対日本、主に島津家との関係を中心にまとめた記録である。いっぽう後者は表題が示すように日本への使者の派遣記録で、記述内容をみると前者から必要な記事を抜き出し、和文体でまとめ上げたもののようである。記述が淡々としているのも共通しているが、ここでは事実関係を両記録に求め、それをさらに『琉球王国評定所文書』（以下『評定所文書』と略記する）・尚家文書・『旧記雑録』などの琉球王府・島津家の主要記録で補いながら、日琉間に内在した問題点を明らかにしてみたい。

境域の近世／目次

一　琉球使節の成立

1. 敗戦の王江戸へ

徳川将軍家に対する琉球使節の成立については宮城栄昌氏の『琉球江戸上りの研究』、横山學氏の『琉球使節渡来の研究』などですでに述べられているところで、あらためて触れるにはおよばないが、行論の都合上いちおう必要と思われる点について最初に触れておきたい。

よく知られているように、敗軍の将となった尚寧王は島津家の当主・家久に伴われて駿府の大御所徳川家康、江戸の将軍徳川秀忠に見え、一六一一年（慶長16・万暦39）帰国する。その前年に、勝連親雲上良継が尚寧王の安否を伺う使者として鹿児島に派遣されている。侵攻を被って以後はじめての使者ということになるが、これは国王迎接のための特別の使者で、島津家ないしは徳川家に対する儀礼的意味をもつものではない。

国王帰国の年の一六一一年には、池城親方安頼（毛鳳儀〈対中国外交で用いられた唐名〉）が「唐之首尾御使者」（中国への進貢、貿易の状況を報告する使者）として鹿児島に到り、さらに駿府の家康はこれを引見している。このことに示されるように、家康が池城の報告に関心を示したことがうかがわれるが、ここで少しそのあたりの事情を説明しておきたい。

「喜安日記」によれば、島津家への対抗を主張してやまなかった琉球三司官の謝名親方鄭迵が、収監先の鹿児島納屋町から中国に急を知らせる「反間の書」（密書）を長崎の唐人に託したことが判明、鹿児島に引致されていた王府要路は急遽具志上王子尚宏（「世譜」附巻一は尚氏具志頭王子朝盛とする）と池城安頼に密書の奪還を命じ、池城らが閩人の手から買い取って帰ったようである。同様な記載は池城とともに明国に渡った金応魁（津波古親雲上）の家譜にも見え、またこの時勢頭（頭）として随行した兪美玉（加賀寿重光）の家譜（「家譜資料（四）那覇・泊系」、『那覇市史』資料編第一巻8）にも密書奪還の功を讃える島津家家老比志島国貞・樺山久高よりの感状が記載されているから、一応事実と受け留めてよいであろう。

　謝名密書の内容がどのようなものであったかは明らかではないが、島津侵攻を伝えるものであったことは間違いあるまい。それが明国に届けば、明国の反日感情は燃えさかり、幕府が進めようとしていた勘合復活交渉の途は閉ざされることになる。そうなれば、幕府の制止をふりきるようなかたちで断行した琉球出兵は失策のそしりを免れなくなる。家久が迅速にことの処理にあたったのは大御所家康、将軍秀忠の叱責を恐れたからであろう。家康は「唐之首尾御使者」として派遣されてきた池城安頼の中国からの帰国報告に関心を示していたことからも、それはあながち否定できないように思われる。一六一五年（元和1・万暦43）には名護親方良豊が「唐之首尾御使者」を勤めているが、その後、明国より一〇年一貢の制を言い渡された後は「唐之首尾御使者」の名称そのものは消え、中国との外交およびその国情に関する情報については必要に応じて飛脚使などの名称で伝えられている。ただし、一七世紀半ば以降「唐之首尾御使者」の名称は復活する。これについては後で触れることにする。

　一六一一年、尚寧王が帰国を許されると、島津家は琉球の反乱を防ぐ必要から代わりに「国質」（証人）を求め、琉球では金氏摩文仁親方安恒を鹿児島に送っている。翌一二年には向氏伊江按司朝仲・向氏羽地按司朝安の二人がそれに当たり、そして一四年には国頭按司正彌、豊見城親方盛續、阿波根親方守賢がその役を果たしている（「世譜」附巻一〈五～六頁〉）。「世譜」附巻は万暦年間（一五七三～一六一九）の最後の使者として島尻大里按司朝守（向氏）をあげるから、同人は一六一五年の「国質」であろうか。その後一六年佐敷王子朝昌（のちの尚豊王）が一〇年質として赴いているが、冬には摂政職に任職するために帰国している。その後については、「世譜」附巻も『御使者記』も記録を欠き、一六二六年（寛永3・天啓6）東風平按司朝易（向氏）が「国質」として上国、翌々辰年帰国したことを両史料とも記している。すなわちこの年復活し、そして三〇年（寛永7・崇禎3）三司官国頭親方朝致が年頭使と三年詰めを兼ねて鹿児島に上ったとする「世譜」附巻の記事をもって「国質」三年制がはじまったと理解されている（豊見山：二〇〇四年〈二六九頁〉）。しかしそう解してよいかどうか「世譜」附巻・『御使者記』のこの件に関する記事には疑問がある。この点についてはまた後でふれることにしよう。

「国質」とほぼ同時に常例化する制度に「年頭使」の派遣がある。文字通り年始を言祝ぐための使者で、「世譜」附巻一は一六一三年の使者名として伊計親雲上良徳をあげ、「年頭使、此れより始まる」と記している。「国質」と違って、琉球側が自主的に派遣したと思われる使者である。その後四年ほど記載が見えず、一六一七年に東風平親方朝香派遣の記載がみられるものの、再び「年頭使」の名は消え、それに関する記事が欠くことなく表れるのは一六二二（元和8・天啓2）以降のことである。いまのところ「年頭使」派遣制度が定着するのはこの年とみておきたい。

年始の挨拶のみならず、島津家の慶弔事については琉球側は怠りなく使者を派遣するようにしている。たとえば一六一八年島津家久の宰相任官、一六二〇年（元和6・泰昌1）家久の父義弘、国分御上様（島津義久の三女、島津家久室）の死去にともなう弔祭使などがそれである。いっぽう琉球側についても国王が死去した場合、当然島津家に届けられた。一六二〇年尚寧が薨ずると、まず尚豊（しょうほう）の襲封を願う使者が立てられ、その許しが出ると、あらためて翌年に即位の礼を述べる使者が派遣されるたてまえになっている。

　さて、こうして島津家の琉球への影響力が増してくると、琉球人の中には日本人の風俗をまね、同質化しようとする者も現れる。一例をあげれば、一六一五年の大坂夏の陣に際して、「国質」として鹿児島にあった国頭按司正彌は左馬守の名を与えられ、兵卒を預けられて参戦している（『球陽（きゅうよう）』附巻一、一六号〈六八八頁〉）。このような先例があれば、日本人化を望むものが出てくるのは当然である。さすがに島津家はこれはまずいと思ったのであろう、一六一七年、「琉球を生国とする者が日本人の様な髯をたくわえ、髪型・衣裳を日本風に変えることは以前より禁じていることであるが、日本人のなりをする者は罪科に処する（「琉球生国之者、日本人之髯・髪・衣裳に相かゆる事曽て可為停止、自然此旨を令違背、日本人之なりを仕もの有之者、調之上〔可〕行罪科事」（『御條書　写』巻一、『鹿児島県史』第二巻〈六七六頁〉）と琉球に通告している。また一六二四年（寛永１・天啓四）八月二〇日付の比志島国隆・伊勢貞昌・島津久元ら家老連署の琉球あての「定」も、「日本名を付け、日本人の格好をすることを禁ずる（「日本名を付日本支度仕候者、かたく可為停止事」〈「雑録後編」四、一八五五号〉とうたっている。薩琉間の交流が深まるなかで、琉球が日本とは異なる国であることを明確にしようと意識しはじめたことがわかる。身なりや名前で一見して琉球人であることが判別できるようにし、異国人として差別の対象とする素地が形成され始めたのである。のちにみるように、身なりや名前だけでなく公的な場では琉球の使者には通訳を付け、言語の違いを強調することで琉球人は異国の人間であることが人々に認識させられていった。

2. 薩琉間の争点の浮上

その後、島津家に対する身なりや名前、言葉のちがう異国使者たちの来航は増え、内外にその存在を威厳あらしめるのにしていく。一六二六年（寛永3・天啓6）という年に注目すると、琉球がいかにこまめに鹿児島に使者を送っていたかが示されている。すなわち表1を見ると、この年は①年頭使、②進貢船が帰帆の折、賊難に遭遇したことの報告、③「国質」、④家久長々の在府につきご機嫌伺い、⑤西御丸様御逝去につき御弔祭、⑥鳩目銭鋳造申請の使者、⑦福州滞留の貢船帰国につき報告の使者（「唐之首尾御使者」）等、七件の使者派遣がなされている。琉球から鹿児島に渡海できる季節は春から夏に限られているから、乗り船を同じくする場合も少なくないが、それぞれの使者は進物を携えて行くから、使者の性格によって量の大小があるとはいえ、その負担は決して軽くはなかったはずである。ここで注目しておきたいのは、そうした使者の派遣は③の「国質」のように島津家によって強制されたものもあるが、大半はそうでもなく①の年頭使、④の島津家太守（国主の意、島津家では当主はそのように称した）へのご機嫌伺い、

表1　1626（寛永3・天啓6）年の薩摩への使者派遣の状況

	使者名	使者の目的
①	今帰仁親方宗能	年頭使
②	津花波（名伝わらず）	進貢船帰帆の折賊船遭遇につき報告
③	東風平按司朝易	国質として上国
④	豊見城親方盛良	家久長々在府につきご機嫌伺い
⑤	照屋親雲上盛忠	西丸様御逝去につき御弔祭
⑥	山城親雲上康延	鳩目銭の鋳造申請
⑦	富盛里主守通	福州滞留の接貢船帰国につき報告

「中山世譜」附巻一（8頁）、『大和 江 御使者記　全』より作成。

⑤将軍家ならびに島津家の慶弔事に際しての祝い・弔問など、琉球の意志によって行われたものであったということである。

そのように琉球側からの使者派遣の頻度の高い状況をみると、薩琉間の関係はきわめて順調なものであったと解されがちである。しかし実際はそうではなかった。そのことは琉球の三司官らの申し立てに対して、島津家家老喜入摂津守・島津下野守が一六二六年一〇月一一日付で回答した「覚」(「雑録後編」五、六〇号〈一二〜一三頁〉)にうかがうことができる。それをみると、四つの点が問題になっていることがわかる。まず一つ目は中国における白糸の購入値段についてである。問題とされたのは、島津家が琉球に白糸を一斤当たり銀一〇匁で調達を命じたにもかかわらずうまくいかなかったようで、そのことを責められた琉球側は、中国市場の事情によるもので、唐物買い付けに当たる渡唐役者の才府(さいふ)・官舎(かんしゃ)らの力のおよぶところではなかった、と抗弁におよんでいる。それについて島津側は琉球側の説明を一応受け容れているが、元和年間(一六一五〜一六二四)から一〇〇貫目程度の買い物銀を付託するようになっていたことから、渡唐役者の商取引にも容喙するようになり、これがまた琉球に緊張をもたらす要因になっている。

二つ目は大島五島の帰属をめぐる問題である。中国の勅使の渡海が予定される場合は、一定の期間だけ五島を琉球へ附属させてもらいたい旨の訴えがなされている。琉球側は、大島五島はこれまで中国の勅使が漂着した時はその馳走にあたり、那覇来着の節も島役人たちは役儀を勤めたことをよく知っているので、使節来航中の一時期でも琉球領に召し加えるか、それがかなわなければ応分の負担を申し付けることを許してもらいたい、と申し入れている。この頃大島諸島の蔵入り化が着々と進んでいた。さすがに琉球としてはそのことがいたたまれなかったのであろう。琉球は一六二四年、明国天啓帝(てんけいてい)の即位・成婚の詔を伝える福建布政司の使者蕭崇基を迎え、そしてまた間もなく毅宗（崇禎帝）の即位と改元の諭を伝える閩邦基を迎えようとしていた（一六二八年〈寛永5・崇禎1〉来琉）。「覚」は五島の件については「先年條書をもって申上候事」と記すから、蕭崇基の帰帆後ただちに島津側と一度交渉していたものと思われる、しかし島津側はさすがに使節来航時に限ってとはいえ、琉球領への復帰を認めず、飯米・野菜・薪・肴などの馳走を求めることのみを許している。大島五島の直轄領化は薩琉間の大きな矛盾となって存在していたといってよい。

三つ目は仕上世（貢納）の問題である。この問題についての琉球側の申し立ては「琉球よりの仕上世物のうち必要なものは御用物として召し上げ、残りは仮屋の御蔵で売り立て、銀子での上納とさせてもらいたい」ということにあったのに対して、島津側は「御用物のほかはそちらの勝手にして構わない」と述べているのである。

島津家に対する貢納は当初布・綿子・莚・綱などで、米ではなかった。これが一六一五年には銀納三二貫目に変わり、一六一七年には七五三貫八四五匁に上った。しかし間もなく米納となり、一六二九年（寛永6・崇禎2）から本出米と賦米が常例となった。つまり「覚」が書かれた寛永三年は雑物納から銀納、そして米納へ移り変わる過渡期にあたる。史料を読むかぎり、一部雑物の現物納がなされ、その中から御用物として召し上げられるものがあった。残りを琉球仮屋の「御蔵」で売払って銀納としたいとしているのはまさに銀納への移行の状態を示しているように解される。詳細は今後の研究を俟ちたいが、ここでいま一つ注目しておきたいことがある。

深瀬公一郎氏（深瀬：二〇〇二年）によれば、琉球仮屋の初出は一六三六年の「薩州鹿児嶋衆中屋敷御検地帳」（「雑録後編」五－九八三号〈六〇三頁〉）においてで、場所は鹿児島南地区であったことが指摘されているが、

「覚」によってすでに琉球仮屋は寛永三年には存在し、「御蔵」まで備えられていたことが明らかである。琉球上国の使者たちの居館が形成をみていたこと、そして「御蔵」は琉球の諸物産の取引に重要な役割を演じはじめていたことがわかる。「喜安日記」によれば、尚寧王が一六一〇年（慶長15・万暦38）駿府の大御所家康・江戸の将軍秀忠にまみえるために鹿児島に上った時、山川には「御仮屋」がしつらえられ、鹿児島には居所が新造されていたというから、これらの「仮屋」が上国琉球役人の詰め所となり、やがて蔵をそなえた「琉球仮屋」に発展していった可能性は高い。

薩琉間で争点となっていた四つ目の問題は一匁出銀の負担問題である。島津家は琉球に高一石あたり一匁の出銀を課していた。これについて琉球側は冊封使接待のための入費、渡唐銀（ととうぎん）（交易銀）の確保を理由に、勅使迎接の一件が済むまでの間免除して貰いたい旨訴えている。しかし「覚」が「是も御納得無く候」と記すように島津家久は認めていない。

家老喜入摂津守・島津下野守の「覚」で明らかになる問題点は以上のごとくであるが、一六二八年（寛永五・崇禎1）年の史料をみると、両者はその後さらに新たな問題に遭遇していたことがわかる。たとえば二八年七月一九日付で家久が尚豊にあてた書状（「雑録後編」五、一六七号〈六五頁〉）は、来航唐船（蕭崇基船か）がもたらした巻物などの買い取りをめぐって三司官今帰仁（なきじん）・国頭と島津家の家老衆と争いとなり、三司官が職を解かれるという事件を伝えている（今帰仁は今帰仁宗能〈猛帰仁〉、国頭は国頭朝致〈向鶴齢〉のことで、ともに元和八年の三司官任職である。『沖縄一千年史』「歴代三司官一覧」〈九頁〉）。今帰仁は一六二六年（寛永三・天啓六）に年頭使として鹿児島に上っているから、解職されたのは翌二七年のことかと思われる（ただし、『沖縄一千年史』は今帰仁の辞職を一六二九年とする）。

その年、琉球では一六一一年(慶長16・万暦39)九月一九日付で島津家から発給された一紙目録(知行目録)を盗難で失ってしまい、翌年二月にその再発給を願う使者を立てるということが起こっている。これについて「旧記雑録」には不思議と関連文書の記載がなく、詳細はわからない。ただ「世譜」附巻一のみが「崇禎元年戊辰、再び琉球一紙目録を乞う事の為に波上頼翁法印・年頭使向氏玉城親方朝智を遣わす。二月薩州に到り、一〇月一八日国に回る(一紙目録、原本国に在り。偶逆徒の為に盗まる。故に使を遣わし以て請う)」と記す(八頁)。この短い記事だけでは要領を得ないが、逆徒によって一紙目録が盗み取られたというのであるから、王府は内部に反逆の徒を抱えていたことになる。想像するに島津支配を潔しとしない集団である。王府の警備が破られ、薩琉関係を証拠付ける文書が盗み取られるというのはきわめて大きな事件であるにもかかわらず、尚家・島津家双方に詳細な記録を欠くのも逆に事件の深刻さを物語っているように思われてならないのである。この一件に関する具体的事実関係については今後の解明に俟つほかないとしても、領知目録の盗失が島津家の感情を著しく害したことは疑いないであろう。

以上のようにみてくると、この頃琉球の尚家と島津家の関係は決して穏やかなものであったとは考えにくい。だとすればあのおびただしい琉球からの使節の派遣はどのように理解すればよいのか。我々はこれまでの使節の「江戸上り」の研究から、使節の派遣は島津家の強制によるものという先入観を植え付けられてしまっていた。しかしすでにみたように、多くの場合琉球側の自発的なものであったことに気付く。このことは、薩琉間のぎくしゃくした関係とどう結びつけて考えればよいのであろうか。思いいたるのは、琉球王府が真正面からさまざま要求を島津家にぶつけるのではなく、要求が汲み上げられる環境づくりを大事にしたということであろう。それは時として隷従を象徴するものとして卑屈に捉えられてきたが、しかし境域の弱小国が巨大な軍事力をもつ上級領主権力に対して無事平穏を担保するために働かせた智恵であり、むしろ外交力として見直してよいのではないか。寛永期はそうした琉球の姿勢が明確になってきた時期とみたい。

3．徳川将軍と琉球使節

すでに述べたように、使節の大半は琉球側がはじめたものであったが、島津家の指示によって派遣することになった使節ももちろんある。いわゆる「江戸立」（「江戸上り」）がそうである。「江戸立」に関する優れた先行研究である宮城栄昌氏の『琉球使者の江戸上り』、横山學氏の『琉球国使節渡来の研究』はともに一六三四年（寛永11・崇禎7）をもって「江戸上り」の始まりとする。これに対して最近の研究では一六四四（正保1・崇禎17）の使節派遣を重視する見解が大勢を占めている。すなわち、豊見山氏は、朝鮮使節を前例にしたこの年の使節参府が使節派遣の制度化に途を開くものとし（豊見山：二〇〇四年）、板谷徹氏は諸礼式が整ったという意味で実質的な初回にあたるとする（板谷：二〇一五年）。また木土（きど）博成（ひろなり）氏は一六四四年に挙行された「江戸上り」は①徳川家・尚家の慶弔事という継続性のある名目に対し、②薩摩藩主が引率したものであり、③琉球国王が正式に派遣したものである点から、琉球使節はここに成立したものと捉える（木土：二〇一六年）。一六四四年に徳川家康を祀る日光参拝（一六七一年〈寛文11〉以降東叡山寛永寺参拝に変わる）が始まり、幕藩制国家の儀礼体系に組み込まれるにいたったことから（真栄平房昭（まえひらふさあき）：一九九一年）、私はやはり一六四四年の使節派遣に注目したい。それはともかくとして、以下ではこれらの諸氏の説を念頭におきながら使節派遣の動きを追ってみる。

先に「世譜」附巻・『御使者記』の中から一六二六年の使者派遣の動向を示したが、同記録のなかにカウントされていない事例がある。それは京都への今帰仁王子ならびに楽童子の派遣である。一六二六年大御所徳川秀忠・将軍家光は京都二条城に後水尾天皇の行幸を迎えた。島津家久はこの時、王子と楽童子を引き連れて供奉したのである。行幸は前年から企画されていたから、そのことを知らされた時点で家久から指示がなされていたものと思われる。在京中の島津家の家臣岩切六右衛門（信充）が一一月一八日付で島津下野守ら国家老にあてた書状には、琉球の楽人たちの奏楽が首尾良く済み、御暇を与えられて今日京都を打ち立ったこと、それにあたって銀子が禁中（天皇）より二〇枚、仙洞院（太上天皇）より三〇枚、六条の西御門跡より一〇枚がそれぞれ賜与され、そして近衛家よりは縮緬一巻が給されたことなどが記されている（「雑録後編」五－六六号〈二五頁〉）。この岩切書状によれば、二条城内で天皇・公家・門跡の面前で楽を奏したことが想定されるが、大御所秀忠・将軍家光の面前で楽が献じられた形跡はない。あるいは所望されなかったのかもしれない。

島津家にとってこの琉球使節をともなっての行幸への供奉、そして天皇の面前での奏楽は、島津家の異国支配の功を天下に知らしめるのにおおきな機会となった。そのことを示すかのように、島津家久はこの年八月、水戸藩主徳川頼房（二八万石）・仙台藩主伊達政宗（六二万石）・加賀藩主前田利常（一一九万石）の三家とともに従三位権中納言へと破格の昇進を遂げる。ちなみに後水尾天皇の行幸は九月六日で、それより早い昇叙は行幸とは無関係のようにみえる。しかし将軍家光が上洛するのは七月のことで、八月一九日には従一位に昇叙している。家久の昇叙もほぼこれと同時とみてよく、その御側近くには琉球の使節一行も侍っていたことになる。すでに使節一行は家光・秀忠に拝謁ずみであった可能性が高い。やはり琉球使節をともなっての入洛が家久昇叙の理由とみてよいであろう。

異国の使節を引き連れての天皇・将軍への拝謁が官途昇敍をともなって島津家の権威を高めると、それはまた琉球の心服をうながすことにつながった。尚豊王は翌一六二七（寛永4・天啓7）一月一一日付で家久にあてた書で、三人の楽童子を慈しみ、あまつさえ同人らに天下希代の行幸を拝見させてもらったことを「冥加」（神仏の加護）少なからずと喜んでいる（「雑録後編」五－七七号〈二八～二九頁〉）。また家久より中納言叙任の報せを受け取った尚豊王は、わざわざ金武王子を使者にたて、昇叙は天下のよき誉れ（「誠天下之美誉」）とする書（一六二七年一月一一日付）と、太刀一腰・馬一疋（銀百枚）・御酒二甕を祝儀の品として進上している（「雑録後編」五－七九号〈二九頁〉）。

中央権力・伝統的な権威のもとへ琉球使節の召し連れが思わぬ政治的効果をもたらすことを確認すると、島津家久はまた新たな機会を求める。それは後水尾天皇の二条城行幸から四年後の一六三〇年（寛永7・崇禎3）におとずれる。すなわち、この年春、島津家の江戸屋敷に大御所秀忠と将軍家光のお成りが挙行されることとなったが、その二年前の一六二八年（寛永5・崇禎1）九月一〇日、家老喜入摂津守が琉球三司官あてに注目すべき七ヶ条からなる通告をおこなっている（「雑録後編」五－一七九号〈六九～七〇頁〉）。すでに拙著（上原：二〇〇一）で取り上げた史料であるが、島津家と尚家の位置関係がよくわかるものなので、再度ここで全文とりあげてみたい。

①一　年頭の祝言を申し述べてきたこと、江戸に言上する

②一　国頭・今帰仁らを元のように三司官役に戻し、知行・屋敷も以前のごとく給するようにとの江戸

よりの仰せである

③一　「さへ」・「よさ」も復職させるようにとの江戸からの仰せである。そのように申し付けて帰国させること

④一　来々年（将軍の）御成につき、こちらは諸事物入りが多い。それにつきその地の出物を知行一石につき銀子一匁とする

⑤一　その地より毎年御使者派遣にあたっての進物は不要な心遣いなので、今後分量を定め置く。詳細は別紙の通り

付（つけたり）　南蛮船・オランダ船の入港は決して認めてはならない

⑥一　その地の以前の出物は寛永三年までの分は清算済みである

⑦一　兼ねて申し付けているように、三線ひきの楽童子らは三線・楽・小歌などを油断無く稽古し、来年の夏必ず参上のこと。付　てる布二〇端調うならば早々に差しのぼせるように

以上

寛永五年

九月十日　　喜入摂津守〔判〕花押

琉球

三司官

①の年頭使の派遣があったことは江戸の家久のもとに言上する、としているのをみると、家久は参勤交代で江戸にあったことになる。②は三司官職を解職され、知行屋敷を召し上げられていた国頭・今帰仁ら王府重臣の復職命令である。この件は、先に述べた巻物の買い取りを廻る島津家家老衆とのトラブルで三司官を解職になった両人の処分を解くことを命じるものである。③の「さへ」・「よさ」（与座か）らも同じ事件に連座して鹿児島に拘束されていたようであるが、帰国のうえ復職させるようにとの家久の命が伝えられている。④は来々年の将軍の江戸藩邸へ御成（おなり）（来訪）で入費がかさむことを理由に、一石当たり銀子一匁の納入を再度触れたものである。

⑤は毎年の使者派遣にあたっての音物高を定めるというものである。詳細は別紙に定める通りとするが、八月一〇日付の「従王位様毎年御音信之定（おういさまよりまいねんごいんしんのさだめ）」（「雑録後編」五－一七一号〈六七頁〉）は、次のように老中衆・御使衆・琉球取次衆・同筆者に対する音物高（いんもつだか）を定め、末尾を、もし「定」をゆるがせにした場合は御法度に背いたものと判断する」と強い調子で結んでいる。

一上布　二〇端　老中衆　但し一人分
一焼酎壺　一　老中衆　但し一人分
一上布　一〇端　御使衆　但し一人分
一上布　二〇端　琉球取次衆　但し一人分
一上布　三端　琉球取次衆筆者　但し一人分

こうした音物高の制定は、島津氏に対する毎年の使者派遣の制度化と軌を一にするものと捉えることができる。

⑥は旧来出物の未進があったが、寛永三年までの分は清算済みであることを述べる。この条目は暗にその後の未進分の皆済を促しているようにみえる。こうした出物未進が容易に清算できない状況のなかで、④に示されるように琉球はあらたに一匁出銀が賦課されようとしていたことになる。

最後の⑦は大御所・将軍の江戸藩邸への御成を二年後にひかえて、楽童子は楽奏・小歌の稽古に励むよう促すものである。やはり島津氏は琉球使節の派遣、楽童子の奏楽に大きな政治的効果を見出していたことがわかる。

こうして条目を検討してみると、三つの点が指摘できる。まず第一に、島津家は琉球との矛盾を抱えるなかでの重役人事に深く介入し（②③）、琉球王府の施政に影響力を行使している。第二に、貢租の収取に厳しく臨み、臨時の物入りに際しては琉球にも出銀を申し付けている（④⑥）。第三に、南蛮船（なんばんせん）・オランダ船の受け容れを厳しく禁じ、外交に琉球王府の裁量を認めていない（⑤の付）。第四に、使節による進物高を制定し、楽・小歌の披露等を求め、使節派遣の礼式の整備をはかっている（⑤⑦）。すなわち寛永の初年は島津氏が琉球の不満を抑えつつ、その支配の実をあげることに力を入れた、そのような時期と理解することができる。

4. 琉球使節大御所・将軍御成の場へ

先に掲げた一六二八年（寛永5・崇禎1）の喜入書翰をみると、琉球は管弦をもって将軍家・天皇家を慰める一つの「役」をもって「附庸国(ふようこく)」としての奉公を示すことが強く求められていったことを示している。おそらくこの後、一六三〇年(寛永7・崇禎3)の大御所・将軍の「御成」へ向けて進上物、儀礼の運び方などについて細かな実務協議がなされたものと思われる。「御成」の準備過程、使節の出発から帰国までの儀礼の詳細については使節関係者の「家譜」、伊勢貞昌の「中納言家久公江御成之記(おなりのき)」(「雑録後編」五－三〇三号〈一四〇頁〉、以下「御成之記」と略記する)・『球陽』・『大猷院殿御実記』などを利用した板谷氏(板谷：二〇一五年)・木土氏(木土：二〇一六年・二〇一七年)のすぐれた研究があるので、詳細はそれに譲ることにし、ここでは使節の動向を比較的詳細に伝えている牧氏三世宗淳(そうじゅん)(唐名牧達村)の家譜(「家譜資料(四)那覇・泊系」『那覇市史　資料篇』第1巻8〈四七八頁〉)を次に引用して、若干気がついたことを指摘しておきたい。ただし、史料は原型のままでなく読み下し、年月をできるだけ頭に出すようにして理解しやすくした。

三世宗淳　翁長親雲上

童名思徳、唐名牧達村行一、万暦四五年(一六一七・元和三)丁巳生

〈父母名等略〉

尚豊王世代

天啓元年(一六二一・元和七)辛酉、若里之子となる。

崇禎二年(一六二九・寛永六)己巳、家久公従り、将軍家光公を請待するに因り、楽童子五六輩将に薩州に赴く可しとの命旨有り。是に因り楽童子と為り、主取(ぬしどり)欽氏城間親雲上清信と倶に同一二月一四日那覇出船。

翌年（一六三〇・寛永七）二月麑府に入る。同年、有川五左衛門殿に召し連れられ、麑府を発す。

同四月江府柴（芝）お屋敷に到る。家久公に朝えて楽を奏す。御喜悦有り。その後、楽装束として金の釵・同村花釵・薄入襖繻子一二領・紕縮緬、並びに綸子・細袖・金襴大帯一筋を賜わる。

同（四月）一七日、上御屋敷に於いて四座（観世・宝生・金春・金剛の能四座）の大夫と倶に楽屋に入る。

同一八日、家光公御数奇座に入る。御膳・御茶等を進上、相済み、出御。御広間にて御能三番これ有り。後ち玉莚近く黒書院に於いて奏楽なり。大樹御歓喜なり。

同二二日、秀忠公御成りの時楽前に照らす。

同二四日従り数日相続、御兄弟衆・諸大名衆招請の時、楽同前。その後、尾張大納言殿・紀伊大納言殿・水戸中納言殿殿下に於いて奏楽。しかのみならず大名衆の家台に於いて之を奏し、且つ光久公より添指一腰、並びに北郷式部大輔久真御自筆の掛字一枚之を拝領、万般事完りて暇を賜る。

同八月下旬、江戸を発つ。

九月一三日、京都を経過るの時、帝王より音楽を聞かんと欲するの宣上を承る。故に同一六日、楽を内裏にて奏す。了りて御萬（菓カ）子並びに加賀杉原一束・銀子三枚を賜り、退城。且つ在京の間、御免有り洛中を一見。

同月（九月）下浣（下旬）麑府に回る。

同一一月帰国。其の後御書院に於いて江戸装束を以て奏楽。

崇禎三年庚午四月、御在番奉行菱刈伴右衛門殿薩州の命令を帯び来たりて知行高二〇斛を賜う。

崇禎五年壬申四月、光久公従り単物一領を賜わる【割書き】新納加賀守殿・取上渡佐守（殿）本国に帯び来る也。

同九年丙子、黄冠に叙せらる。

同一〇年丁丑、読谷山間切地頭職に任じられる。

これによると、宗淳（思徳）は一六一七年（元和3・万暦45）の生まれで、唐名を牧達村といった。一六二一年若里之子（名家の初期の位階）となったが、一六二九年（寛永6・崇禎2）に島津家久より将軍家光を請待するための楽童子派遣の命が下り、五人のうちの一人に加えられた。宗淳数え一三歳の時である。これは「御成之記」と一致している。宗淳ら五人は「主取」城間親雲上清信に従って同一二月一四日那覇を出船、翌一六三〇年二月、鹿児島に入ったようである。貴人に捧げる室内楽を取り仕切る責任者はこのころ「主取」といい、のちに「楽正」と変わることになる（一七一〇年・宝永7・康熙49）の使節の中にその名が見えている。『琉球来使記』、宮城：一九八二年〈三七頁〉）。

宗淳らは同年、島津家の重臣有川五左衛門に召し連れられ、麑府を出発し、同四月江戸芝の薩摩屋敷に到り、早速島津家久にまみえ、楽を奏している。四月一八日、芝の上屋敷を訪れた将軍家光は、御数奇座で御膳・御茶を済ませたのち、大広間で御能三番を鑑賞、それより黒書院に席を移し、宗淳ら楽童子の奏楽に臨んでいる。「大樹（将軍）御歓喜なり」との記事は伊勢貞昌の「御成之記」と一致している。演目はのちの記録からすると、おそらく明・清楽に一曲ほど琉球楽が入っていた程度であったと思われる。

大御所秀忠の「御成」はここでは四月二二日となっていて、「御成之記」の二一日と一日のずれがある。しかし、大きなズレでないところからして、むしろ「家譜」の信頼度の高さを思う。

四月二四日より以降は将軍家連枝（兄弟）、尾張・紀伊・水戸の御三家、諸大名衆の招請に応じて奏楽している。これらのことは「御成之記」にはみられない。

江戸でのすべての公務が終わったのは八月のことで、同月下旬には将軍に暇を乞い、江戸を発ったが、京都に到った時、天皇家より奏楽を所望された。宗淳の「家譜」は「九月一三日、京都を経過するの時、帝王より音楽を聞かんと欲するの宣上を承る」と、突然に天皇家より奏楽の所望があったように記している。

少し穿ちすぎかもしれないが、そのことにこの頃の朝廷と幕府との対立の一面が覗き見れるような気がする。周知のように一六二七年の紫衣事件（後水尾天皇が幕府に諮らずに十数人の僧に紫衣を与えたのに対し、将軍家光が取り上げを命じた事件）に引き続いて二九年一〇月には徳川家光の乳母斎藤福が無位無官の身分でありながら朝廷に参内し、従三位の位階と「春日局」の名号、それに天酌御盃（天皇に代わって内侍が酌をし、その杯から別の土器に移して飲むという礼）を賜るという天皇の権威を失墜させる出来事が相次いだ。こうした幕府の行為に後水尾天皇は怒りを抑えきれず、一一月八日に幕府に通告しないまま五歳の次女興子内親王に譲位して、明正天皇とした。そうした緊迫した朝幕関係からすると、前もって幕府に何の申し入れもなく使節の引見がなされたとしてもおかしくはない。

島津家への申し入れを行ったのはいうまでもなく明正天皇ではなく後水尾上皇である。上皇はすでに一六二六年にも使節を引見し、琉球音楽にも触れる機会があって琉球への関心が高かった。それは次項でも触れる通りである。天皇家が琉球使節引見にこだわったのは、幕府への対抗意識からであったと解することも可能ではあるまいか。

内裏で奏楽を終えた使節一行は九月下旬に鹿児島に回着、風を待って一一月に琉球に帰国におよんでいる。それで一行の役目が終わったのではなく、大御所・将軍と対面した通りの装束（江戸装束）で御書院において国王にまみえ、楽を奏している。それはそつなく公務を果たしたことを伝える復命の儀式であった。

こうして一六三〇年（寛永7・崇禎3）の使節に関する記録をみると、後の使節派遣に踏襲されている点が少なくない。まず楽童子に着目すると、板谷氏がいうようにすべてが若衆ではなく、一六歳以上の二才二人と一五歳以下の若衆三人の混成であるが、五人～六人という数は後に引き継がれていく数である。これらの楽童子を束ねる「主取」、後の「楽正」も登場している。徳川家の連枝、御三家の面前での楽の披露、使節一行の能の鑑賞など大和芸能に触れる機会の設定、そして帰国後の復命の儀式なども後まで踏襲されていくものである。使者が携えていく音物も一六二八年（寛永5・崇禎1）の規定に従ったものと思われる。そのようにみてくると、琉球使節派遣制度の儀礼の原型はここに出来上がったといってよいように思われる。

なお、宗淳の「家譜」でいま一つ注目したいことがある。それはこの楽童子の役を果たして後、破格の取り立てを受けていることである。すなわち、帰国の翌一六三一年（寛永8・崇禎4〈崇禎3年とするが誤りであろう〉）四月、家久の命を受けた在番奉行菱刈伴右衛門より知行二〇石を給され、ついで一六三六年に黄冠に叙せられたかと思うと、翌三七年には二〇歳の若さで読谷山間切の地頭職に任じられている。これをみると、島津家久は尚氏の意向にかかわりなく琉球士臣の自身への奉公を期待していたことになる。それは先の国頭・今帰仁の三司官の復職に関する指示にもうかがうことができる。

5. 使節上洛

一六三四年には、一六二六年に引き続いて将軍家光の上洛が挙行された。紫衣事件や斎藤福事件などで冷えきった朝幕関係の修復が目的であった。その時、島津家久は折しも鹿児島にあった琉球の二人の琉球使者を京に呼び寄せた。使者の一人は尚豊王が冊封の儀礼を無事済ますことができた御礼の使者佐敷王子朝益と、いま一人は改年を言祝ぐための年頭使金武王子である（「世譜附巻」一、『御使者記』）。通説としては、これをもって謝恩使・賀慶（がけい）（慶賀）使が名目的に分岐して派遣されるようになる起点と位置づけられる（宮城：一九八二年、横山：一九八七年、豊見山：二〇〇四年、上原：二〇〇九年）。

しかしそう捉えるには史料的には少し問題が残る。この時の使者について、たとえば徳川幕府の外交関係記録である『通航一覧』は、「巻之五　琉球国部五」の最初の注記の部分で「賀慶使は寛永十一年、恩謝使の派遣は正保元年（一六四四）をはしめとす」と記し、一六三四年（寛永11・崇禎7）に派遣があったのは賀慶使のみで、謝恩使の派遣は正保元年のこととしている。ところが同じ記録は本文中では『琉球聘使略』を引いて「寛永十一年閏七月、尚豊王賀慶使佐敷王子、謝恩使金武王子をして方物を献す」とし、佐敷王子を賀慶使、金武王子を謝恩使として同時に派遣したことになっていて、記述に整合性がみられない。こうしてみると、賀慶使が一六三四年にすでに派遣をみていたとするには、なお確たる根拠が必要といえよう。最近賀慶使・謝恩使の枠にはめ込むのをやめて、家光から秀忠への「御代替（おだいがわり）」の「御礼使」という木土博成氏のような捉え方も出てきている（木土：二〇一六年）。しかし、島津側としてはそれぞれ性格のちがう使節の派遣にこだわっているのであるから、二使節がいつ登場してくるのか、という問題は引き続き追究する必要があろう。

なお、そうした観点から注目したいのは、「世譜」附巻一ならびにそれをそのまま引き写した『御使者記』の、一六三一年に、島津光久（みつひさ）の長男綱久の誕生を慶賀するために尚氏久米具志川（ぐしかわ）王子朝盈を江戸に派遣したとする記事である。「世譜」附巻には「十月薩州に到り、太守公に随い、翌年二月江府に到る。五月、薩州に回到し、八月国に回る」（「世譜」附巻一、〈九頁〉）とある。「雑録後編」によれば王子は鹿児島上国に留まって江戸まで上った形跡はなく（「雑録後編」五－六一二・六一三・六一四号〈三六二頁〉）、「世譜」附巻・『御使者記』の記事はあやまりのようである。しかし、王子は江戸には上っていないが、『御使者記』の表現をかりれば島津家に対する「賀慶使」となる。そうなると、幕府に対するそれもあって一々断りをいれなければならない煩雑さが出てくる。この問題をどう解決するかが課題であるが、ここでは「世譜」附巻・『御使者記』にしたがって佐敷王子朝益を勅使（冊封使）の礼待（接待の礼）を無事済ますことができた「御礼使」（謝恩使）、金武王子朝貞を年頭使と理解しておきたい。

　これら二使節を上洛させたのは、もちろん島津家の異国支配の功を天下に示す大きな効果をねらったものであることには違いないが、このたびはさらに大きな意図がこめられていた。それは、琉球高を含めた領知判物（領知を安堵する文書）の獲得である。一六三二年（寛永9・崇禎5）から翌年にかけて、大名も改易・転封が続いたことはよく知られている。そのなかで島津家久に衝撃を与えたのは隣領熊本の加藤忠広（加藤清正の三男）の事件である。この年五月、忠広は将軍家光の勘気を被って改易となり、家中は立ち退きを余儀なくされて南九州は緊張に包まれた。家久は家中に知行高に応じた軍役の実現を指示し、乗馬定めを触れ、番の編成を示すなど不測の事態に備える動きをとっている（「雑録後編」五－五二九号〈二七七～二七八頁〉、五三二号〈二七九～二八〇頁〉、五三三号〈二八一～二八五頁〉など）。そうした事態のなかで、家久には琉球にも軍事負担をさせ、家臣団の負担を軽減せしめようという思いが強くなっていったものと思われる。一六三二年（寛永九・崇禎五）六月一一日付で、伊勢兵部・島津下野守久元が川上左近将監・喜入摂津守に対して乗馬定めなどを示した「覚」（「雑録後編」五－五三二号〈二八〇頁〉）には、「御国より人衆可召立之刻ハ、琉球より御合力銀子有間敷哉之事」という一条がみえる。すなわち、島津本領で軍事力の発動という事態が生じた際に、現員の派遣が困難な琉球には合力銀を負担させることが検討されているのである。

こうした琉球への軍役賦課の正当性を担保するという意図が秘められた琉球高記載の領知判物の獲得が、一六三四年閏七月に実現する。琉球高一二万三七〇〇石の加筆が何の情報もなく成立するはずはないから、それにいたるには島津家と幕府老中らとの間に下交渉が幾回となく続けられたに違いない。二人の琉球使節が京に呼び入れられることになったのは、その結果が確定してからのことと想定される。閏七月九日には家光の引見の儀が終わると、閏七月一六日薩摩・大隅・日向三国のほかに琉球国が書き加えられた領知判物を給された（「雑録後編」五－七五二・七五六号〈四四二・四四四頁〉。領知判物の日付は八月四日）。

上洛した琉球人使節らがこの時明正天皇および後水尾上皇の面前に侍る機会があったかどうかは史料的に確認できない。しかし上皇が琉球人、琉球音楽に興味をもっていたふしがみえるので、面前での楽童子らによる奏楽は十分考えられる。

琉球使節の上洛はそれから二年後の一六三六年にもなされていて（板谷：二〇一五年）、この時は後水尾上皇の琉球音楽の聴聞を求められてのことだとされる。使節の派遣要請は前年に出されており（板谷：二〇一五年）、琉球側ではこれを受けて進物の準備、使節の編成、座楽の稽古等にとりかかったものと思われる。その間の細かい遣り取り自体がいっぽうの他方への従属が確認されていく過程であったといえよう。

この時仙洞（せんとう）御所（ごしょ）で奏楽を演じたのは、のちの「主取」「楽正」を指すかと思われる「主楽（しゅがく）」小橋川親雲上篤宴にひきいられた六人の楽人たちであった。まだ楽童子と二才の混成楽団である（板谷：二〇一五年）。注目されるのは、後水尾上皇が雅楽寮の伶人（楽人）たちに琉球音楽の習得を命じていることで、そこに上皇の琉球音楽へのこだわりようがわかる。しかし、正道を重んじる臣たちは、礼にかなわない「夷狄」の楽として眉をひそめるありさまであったという（『隔蓂記』第一、寛永一三年一〇月一三日の条〈三六〜三七頁〉。なお『隔蓂記』は、金閣寺の住職鳳林承章の日記である）。明楽と清楽が中心であったのであろうが、雅楽に慣れ親しんできた宮廷の楽人にとってただめずらしいだけであって、座楽が喜ばれたとはとうてい思われない。それはともかく、琉球使節が朝廷と結びつけられることによって政治的効果はいっそう大きくなったと理解したい。琉球使節への関心はいつの時代よりも高まったのではあるまいか。

こうして、二一年間におよぶ寛永期（一六二四〜一六四四）をながめてくると、島津家では琉球使節の召し連れを可視化することにつとめている様子がうかがわれる。島津家は一六二六年（寛永3・天啓6）の後水尾天皇の二条城行幸の場で奏楽を献じさせたのにはじまって、一六三〇年大御所・将軍の御成、それにつぐ一六三四年の将軍家光上洛の機会を利用した琉球支配のアピールは、大名の改易・転封の続くなかで琉球高を加えた領知判物の下付となって実を結ぶ。島津氏はここにおいて琉球に対してその支配の正当性を主張できる確たる根拠を得たのであった。

使節派遣の実現はまた琉球との間の支配と服属の関係を確認していく重要な要素であった。毎年の年頭使はそういう意味では見逃せないことであるが、使節を日本の最高権力・伝統的権威の前に引き出すことが、そうした双方の関係をより強固なものにしていく効果を生み出したことは否定できまい。

いっぽう琉球にとっても日本と儀礼的に結ばれることによってまた国家的安定の保証を得ることになったということができよう。その点からいま一つ注目しておきたいのは、一六三四年、明国より島津氏の琉球侵攻後一〇年一貢とされた貢期が三年二貢（二年一貢）に復することが認められ、中琉関係が正常になったことである。すなわち大局的にみれば一六二〇年代後半から三〇年代半ばにかけては、琉球の日中両属体制にとって大きな意味をなした時期であったといえる。

ちなみに一六三五年は幕府の朝鮮との外交体制が整えられた年でもある。前々年の三三年対馬藩の重臣柳川調興が幕臣化をはかり、幕府に藩主宗氏の国書改竄の事実を出訴したのに対し、三五年将軍家光はこれを親裁、藩主宗義成の勝訴とした。審理の過程でかつて藩による国書改竄が為されたことが判明したため、対馬の以酊庵に漢文に習熟した京都五山の僧を輪番制で送り、外交文書の作成、貿易の監視をさせた。またこの一件を契機に国書に記す将軍の称号も「日本国王」から「日本国大君」と改められたのである。

二　東アジア世界の変動の中で

1．明清交替と琉球

琉球では一六四〇年（寛永17・崇禎13）五月、尚豊王が薨じた。島津家の当主光久としては急ぎ後継者を定める必要に迫られた。ところがそうこうするうち翌一六四一年八月、将軍家光に長子竹千代（のちの家綱（いえつな））が生まれ、島津家では琉球にも祝意を表させるべきか否か悩むところとなった。幕府に二つの件について伺いをたてたところ、老中阿部豊後守忠秋より、琉球国王の跡目の件については先王の直子がいるのだから薩摩守の「分別次第」に跡職を申し付けるように、竹千代誕生の祝儀の件については使者を派遣させるのがよかろう、という指示があり、一六四二年八月二九日付で琉球にその旨が伝えられている（「旧記雑録」後編六、附録一―二七八号〈二一三～二一四頁〉）。こうして琉球の跡目については琉球側より島津家の了解を得、島津氏の伺いに幕府が一任するという手続きが、また徳川家の慶事に際しては御祝使の派遣が先例化することになっていった。

琉球よりは竹千代誕生を祝う使者として尚氏金武王子朝貞が、尚賢（しょうけん）王継目の御礼使として国頭王子正則が派遣されたが、すでに豊見山氏が明らかにするように、この時は幕府も島津氏も琉球使者の参府員数、待遇等に関する規範を示しえず、とりあえず朝鮮通信使接遇の例に準拠するかたちで対応するほかなかった（豊見山：二〇〇四年）。文書はそれぞれの使者の目的に沿って二通作成され、呈上されることになった。

ひとまず徳川幕府による尚賢の王位継承は承認されたので、あとは明国の冊封を待つばかりとなった。ところが明国の状況はそれどころではなかった。明国は北の後金国（清国）の攻撃にさらされ、一六四四年（正保1・崇禎17）、北京は清の世祖の手に落ちるという事態となった。北京を追われた明国の遺臣たちは南に逃れて国家再建運動を展開し、中国の政情不安は終息する気配をみせなかった。そうしたなかで琉球の南明政権への朝貢使の派遣は続いたが、しかし島津氏が琉球にこのまま中国との関係を継続させるべきか否か判断に迷ったのは当然であった。光久は琉球の生糸貿易をそのまま認めてよいものかどうか幕府の判断を仰いだところ、阿部重次（あべしげつぐ）ら老中は一六四六年（正保3・順治3）六月一一日付で、琉球貿易はこれまで通り認めることにしている（「旧記雑録追録」一－八〇号〈四五頁〉、以下「雑録追録」と略記する）。幕府が琉球の中国との関係を認めたのは、琉球が単に重要な生糸確保ルートだったからだけではない。中国の政情を知る上での大事な情報ルートでもあったからである。同年一二月六日付の久光あて阿部重次文書は、「琉球は大明と以前より往来があるのでその様子を知っているはずである。たとえ風説なりとも聞いたならば具に書き記し提出するように」と、指示している（「雑録追録」一－一一三号〈六〇頁〉）。

こうして、一六四六年には幕府の方針が明確にされたが、はからずも琉球が中国のあらたな統一国家となった清とのつながりができたのはやはりこの年であった。すなわち、この年南明の隆武帝のもとに送られた使者らは清の貝勒（ベイレ）（清朝皇族の爵号）将軍の諭告を受け、翌年北京の順治帝のもとへ入貢した。そしてこれを機に尚質（しょうしつ）王は一六四九年（慶安2・順治6）にあらためて通事周国盛（しゅうこくせい）らを順治帝のもとに遣わし、順治帝もまたこれに応えて通事謝必振（しゃひっしん）を送ってきたことで（「中山世譜」巻八、四〈一一九頁〉）琉清関係は大きく進展するにいたった。

2．新たな琉薩関係の幕明け

ところで、琉清関係が思う方向に進むなかで、島津家にも注目する動きがみられる。すなわち。山田民部有栄はじめ島津家の家老らは一六四七年の一月一二日付で、次のような三ヶ条について通告している（「雑録追録」一－一二三号〈六五頁〉）。

①八重山島高六六三七石三斗二升一合六才に掛かる出物を免除する
②琉球国司の出物仕上（しのぼせ）船の破船の際は公儀（島津家）の損とする
③三司官が鹿児島へ質人として詰めることを免除する

つまり①は八重山高を出物賦課対象から外す、②はこれまで貢租積み上り船（仕上船）が海上で破損した場合琉球の損としていたが、以後は島津側の損とする、③は三司官は質人とはしない、というのである。これらのことが認められるにいたる経緯は明らかではないが、この年尚賢王が死去し、王位には尚質王がついている。三件についてはすでに尚賢王が歎願を行っていて、新王の即位を期に負担軽減の諭告がなされたとも考えられる。

島津光久は明清交替の政治的余波を琉球が乗り切れるよう配慮を加えたということになるが、ここで負担の一つとなっていた「国質」のことについて気付いたことを少し述べたい。

すでに述べたように、一六三〇年（寛永7・崇禎3）三司官国頭親方朝致が年頭使と三年詰めの「国質」を兼ねて鹿児島に上ったとする記述が「世譜」附巻ならびに『御使者記』にみえることで、従来この年をもって三司官一人が年頭使を兼ねて三年詰めがはじまったと解されてきた。しかし奇妙なことに、両記録ではそれ以後年頭使の記述は出てくるものの「国質」の記述は出てこない。その後記述が見えるようになるのは一六四二年の条においてで、「世譜」附巻は三司官章氏宜野湾親方正成が年頭使と三年詰めの「国質」を兼ねて上国したことに触れたのち、「三司官一員、薩州に留在すること三年、此れより始まる」（「世譜」附巻一〈一三頁〉）と記し、以後記述を欠くことはない。『御使者記』もほぼ同様である。このように見てくると、年頭使が「国質」を兼ねて三年詰めになるのは一六三〇年か、それとも一六四二年のことかいまのところ明確にはできないが、右の「覚」によるかぎり一六四七年には「国質」制そのものは廃されたものとみてよい。そのことを示すかのように両記録には以後「国質」に関する記述は全く見えなくなるからである。

さて、その翌一六四八年（慶安1・順治5）に尚質王が王位に即くことになるが、その継目願いに対し、九月二日付で山田民部ら島津家家老衆が連署で琉球三司官・金武王子に宛てた「覚」には次のような興味深い内容が記されている（「雑録追録」一―二三五号〈一三〇頁〉）。

①琉球より国頭王子正則・宜野湾親方正成を派遣、中城王子の継目を願ってきたが、島津光久が将軍家光の許しを乞うたところ、将軍は、琉球は薩摩守領国につきその心次第にとのことであった
②先王継目のごとく、江戸へ使者の派遣も進物の進献もあるのでそのように心得ること。
③当王（尚質）は若輩につき、万事金武王子指南のこと
④八重山張番については将軍より免除の指示があったが、防備については入念のこと

⑤大明への左右聞船（明国の国情に関する情報収集船）派遣願いは認められた。また鉄砲・いぶり筒の備えも老中らより認められた
⑥王位神文（起請文）は旧例のごとくたるべきこと
⑦琉球国中の神水も前例のごとくたるべきこと

④の八重山張番免除の件および⑤の明への左右聞船派遣認可の件はさておき、ここでは王位の継目に関する事項に注目すると、次のようなことが明らかとなる。まず第一に琉球の王位の継承は島津氏の許可を得、島津氏を通じて将軍に諮られ、将軍の島津氏の判断に委ねる、とする認証の手続きを経て初めて可能であることがここでも確認できる（①）。そして第二に、王位継承を認められた御礼使を江戸に派遣し、それにあたってはしかるべき進物の用意が要ること（②）、第三に、国王が幼い場合は摂政役が補佐にあたるが、摂政役は島津側の指名によったこと（この場合は若輩〈一九歳〉の尚質王の摂政役として万事金武王子が補佐にあたることが定められている）（③）、第四に、王位継承にあたっては神文を提出し（⑥）、また国中の者（主立った者の意であろう）は神水を呑んで服従を誓うこと（⑦）、などが決まりになっていたことがわかる。

尚質王の継目御礼使には具志川王子朝盈があてられ、島津光久は翌一六四九年、王子を伴って江戸に上っている（「世譜」附巻一〈一六頁〉）。幕府はこれに応え、正保の例に倣って米二〇〇〇俵を琉球に給している（『島津国史』二四一頁）。またこの時使者一行の日光社参も行われており、正保元年の例が先例化していったことがうかがえる。

こうして幕府・島津家に対する御礼の儀が済んで、琉球の王権は幕藩制国家公認のものとなったが、この

段階において幕藩制国家が琉球王権の安定化に期待するものは中国の国情に関する情報収集であった。御礼使の一行が江戸から鹿児島に向かおうかとする頃、長崎から江戸へ向かう琉球船があった。清国に派遣されていた貢船で、それには照屋親雲上（金正春〈長史〉）・牧志子親雲上康延（柳枝蕃〈才府〉）らが乗船していた。照屋・牧志らは中国から帰帆のおり薩摩領に漂着したが、中国の動静を聴取するために長崎に送られ、それから情報を届けるために江戸に送られたのである（「世譜」附巻一、『御使者記』）。またこれにひき続いて、平川親雲上（蔡祚隆〈大夫〉）・小波蔵親雲上良盈が中国における兵乱の様子を報告するためにやはり江戸まで赴いている（「世譜」附巻一〈一六頁〉）。

「国質」が免除されたということは琉薩関係があらたな段階に入ったことを意味していた。尚賢王は山田有栄ほか連署の「覚」が届くと、島津家の配慮に感謝し、年頭使平安山親方朝充をして御礼を言上せしめている。しかし、こうして琉球の負担軽減に一定の功を収めた尚賢王は明清交替という政治的大変動の中で二三年の生涯を閉じ、後の王国の舵取りは弟の尚質王にゆだねられることになった。

3. 新将軍家綱への御祝使

さて、幕府によって王位を公認されたばかりの尚質王はいわば「役」として中国に関する情報収集を負わされるかたちになったが、明清動乱によって交易が打撃を被ったことによるのであろう、すでに触れたように王府財政は相当に逼迫し、使者の派遣なんぞ容易でなかったというのが実情であった。一六五〇年（慶安三・順治七）一〇月、島津家当主光久の子綱久に嫡男延久（のちの綱貫）が誕生、御祝使として馬氏兼城親方良正が派遣されている。ところが同人の遣使の目的はそれだけではなかったようである。『御使者記』には「附」として「江戸江御進上物依不足(ふそくにより)、太守様より玉之屏風一双、玉燈炉一単被成下候(なしくだされ)御礼」という記事が見える。すなわち、前年の具志川王子の江戸参府にさいして進物が不足し、光久所蔵の屏風一双、玉燈炉(とうろ)一単を献じて御礼の儀を無事済ますことができた、その御礼の使者を兼ねていたというのである。このことは「世譜」附巻には見えないが、具志川王子の派遣が急で、進物が十分調わなかったことは十分考えられよう。この年、島津家に拝借銀の返済延期を願うために向氏国頭親方朝季が派遣されているのも(『御使者記』、「世譜」附巻一〈一七頁〉)事情の一端を反映しているであろう。

年が明けてさらに新たな事情が加わった。すなわち、一六五一年六月八日に将軍家光が薨じた。琉球としてはどうすべきか島津家の判断を仰ぎ、いっぽう島津家よりは幕府に伺いが立てられたのであろう、結果については島津家家老衆からの知らせとして九月二〇日付で、阿多内膳より三司官あてに次のように通達されている(「雑録追録」一―三九六号〈二〇四頁〉)。

琉球より江戸へ差し上げるお悔やみの使者については大納言(家綱)様への使者同様に、来夏(承応1)中に当地(鹿児島)に上着するようにとの江戸よりの指示なので、去る三日覚書をもって申し渡したが、この度また松崎采女(うぬめ)をもっておっしゃられるには、お悔やみの使者には御代替わりの使者よりも早く当地に罷り上るようにとのことなので、そのように申し伝えるように。この使者には進物などは要らないと思われるが、用心のために御霊前への献上物を見合わせて持参させるように。代替わりの使者については人数、路次楽・内楽そのほか進物などは間違いなく先規の通りとするように申し付けてもらいたい。

油断無きように。

但し、お悔やみの使者については前にも申し渡したように、重ねて身分の重い役職の者は要らないとのことなので、その心得で代替わりの使者よりも早く当地（江戸）まで到着のこと

これによれば、幕閣の間では、家光の死去にともなうお悔やみの使者は江戸まで派遣されねばならないとされ、お悔やみの使者は御代替わりの使者よりも早く到着する必要があること、進物は要らないが御霊前への献上物は準備すること、使者の身分は高くなくてよい、ただし代替わりを寿ぐ使者については人数・路次楽・内楽、そのほか進物などは先規の通りとすること、などとし、その旨が島津家を通じて琉球王府に伝えられることになる。ところが『御使者記』「世譜」附巻一によれば使者金武親方安實は鹿児島に到っただけで、江戸には書翰が転達されたことになっている。金武親方が鹿児島到着後、光久が老中らを通じて新将軍家綱に伺ったところ、将軍は琉球は遠いので江戸に参上するにはおよばない（「遠堺之事候間、当地不及参上候」）とし、鹿児島より帰国させるように促してきたため、それに従ったようである（「雑録追録」一－四三九号〈二一〇頁〉、四四〇号〈二一〇頁〉）。

しかし、この知らせが入った一六五二年（承応1・順治9）年は忙しい年になった。まず例によって年頭使（名護親方良紀）が派遣され、ついで前年の押し詰まった十二月二五日に島津光久が従四位下左近衛少将に、綱久が侍従に叙任したとの知らせが入り、この年越来按司朝信の派遣となった。また家光にかわる家綱の将軍即位には使者は鹿児島止まりというわけにはいかず、北谷王子朝秀が使節団を組んでの江戸行きとなった。いっぽう清国へは明印の返還、慶賀使の派遣を予定していたとみえて、その許可とそのための費用調達を申

し入れるために、沢紙親雲上安定が鹿児島に送られている（「世譜」附巻一〈一七頁〉）。

こうしてこの段階において、琉球ではそれぞれの目的に応じて親方・王子・親雲上クラスの者を使者として配する仕組みができあがっていた。この年の対日本外交も、規式に従って首尾良く済ませたはずであった。ところが思わぬところでアクシデントが待ち受けていて、王府はその対応に追われた。すなわち五月、翌年の参府をひかえていた北谷王子が、鹿児島に到ったところで病に伏し、死去、琉球王府では急ぎ代わりの者を派遣しなければならなくなったのである。光久よりは、家光への弔意もあるので北谷と同位の者を派遣しくれるようにと早船をもって言ってきた。しかし琉球では急のことなので北谷の代わりの使者をすぐには仕立てることができなかった。光久の参勤が遅れるのを気にした老中らは、一六五三年（承応2・順治10）四月九日付で、とりあえず同月中に鹿児島を発足するように促してきた。一般的に参勤は四月の交代が決まりだったからである。光久はやむを得ず四月十七日に鹿児島を発ち、六月二一日に江戸着。ひとまず同二五日に家綱への謁見となった（「雑録追録」一－四六九号〈二三二頁〉、四七一号〈二三三頁〉）。

いっぽう当の琉球では、北谷王子の代わりの使者としてようやく国頭王子正則を選定したが、国頭王子が鹿児島に到ったのは光久出立後の五月であった。正則はやむなく藩士伊集院源助久朝に従って九月二〇日に江戸に到着、二八日に光久に伴われて将軍家綱に謁している。一〇月一六日には光久とともに日光山を参詣、十月二六日には家綱より暇を賜わるなど、一通りの儀礼を終えて帰国したのは翌承一六五四年（承応3・順治11）三月のことであった（「雑録追録」一－四八三号〈二三七頁〉、「世譜」附巻一〈一七頁〉）。光久は、一一月五日付で中山王に書を宛て、使者国頭王子が将軍の御前へ召出されたのは喜悦の到であり、また楽を聴されたのはこのうえなき仕合せ、などと述べて謝意を表している（「雑録追録」一－五二一号〈二四八頁〉）。いっぽう琉球よりは前年にならって将軍の使節優待の御礼使として屋富祖（やふそ）親方盛代を立て、江戸への派遣も考えたようであるが、老中らより伺いを受けた家綱は、光久に参府には及ばないと屋富祖を帰国させている（「雑録追録」一-五〇九号〈二四五頁〉、五一〇号〈二四五頁〉、「世譜」附巻一〈一八頁〉）。

三　羽地朝秀の財政改革（「羽地仕置」）

1．逼迫する王府財政

琉球が律儀に使節の派遣に勤めれば勤めるほど、財政の負担が嵩むことになっていったのは必然であった。そうした費用は進貢貿易によって捻出し、そして貿易の原資は島津家からの借債に依存する構造になっていた。つまり、中国との進貢貿易の成否が王府財政を左右するところであったといえる。ところが明清の動乱が影響し、このサイクルはうまく循環しなくなった。財政は危機的状況に追い込まれ、王府は抜本的にその建て直しを迫られていたのが実情であった。そうした現状を見かねて吏僚の一人が財政改革に乗りだす。その人物の名は羽地王子朝秀（ちょうしゅう）という。余計なことかもしれないが、ここでは「羽地仕置（はねじしおき）」とよばれる王政改革に触れ、一七世紀半ばの琉球が内部ではどのような問題を抱えていたか少し立ち入ってみたい。これからみる使節派遣の背景を知るうえで必要と思われるからである。

羽地王子朝秀は尚真王の長孫尚維衡（しょういこう）（一四九四～一五四〇）の後胤として一六一七年に生まれ、一六四〇年（寛永17・崇禎13）に家督を相続、一六五二年（承応1・順治9）羽地間切総地頭職に補任されているが、それから間もない一六五八年（万治1・順治15）、使者として鹿児島に上っている。この時は年頭使、前年の琉球在番「掟」制定に対する御礼、一六五七年の江戸大火による桜田藩邸類焼の見舞いなどを兼ねたものであった。このうち在番「掟」について簡単に説明すると、島津家が一六五七年九月一一日付で定めた琉球在番奉行・

附衆・在番衆・下人らが遵守すべき内容を示した五四ヶ条からなるものである（『雑録追録』一―七四八号〈三五一～三五四頁〉）。南蛮船・唐船など異国船の琉球来着に際しての対応心得などの条目もあるが、在番奉行配下の者の地下人に対する横暴な振る舞いや、商行為、公用以外にむやみに琉球人と接触すること、琉球上下船船頭・水主らの博打、島の女を女房に迎えること、武具類の持ち下りなど、不法行為を禁ずるものが主をなしていて、中には次のような注目すべき条目もみえる。

一　琉球衆の位昇進、或いは口事篇（公事訴訟のこと）、或いは地頭の人事、或いは扶持方などのことについては三司官が専管すべきことなので、たとえ在番衆が口を出してきても応じないこと（一琉球衆位昇進、或口事篇〈訴訟事〉、或地頭、或楮(扶か)持方等之儀三司官被致差引儀ニ候間、縦至在番衆雖申出被構ましき事）（第三三条）

この条目はこれまで在番奉行所が琉球国内の訴訟事に介入し、人事・扶持の宛行いにまで容喙していたことを示すもので、国王の知行権は島津氏の出先の機関によっていかに侵害されていたかを象徴的に示すものである。そうした大和役人、船頭・水主らの横暴を押さえることを意図した「掟」は琉球王府にとっては愁眉を開くものとなった。それは十分御礼言上に値するものだったのである。

使命を果たした羽地は翌年に帰ってもよさそうであるが、滞在を一年延ばして一六六〇年（万治3・順治17）に帰国している。その理由は、この年に着手された島津家の「万治内検（内々の検地）」を見届けるためであったと思われる。この年は中城王子（朝周）がお目見えのために上国していて、二人が帰国後一六六一年に琉球国内への検地にとりかかっているのをみると（渡口真清：一九六六年、真栄平房昭：一九八四年）、それについて二人あてに島津家よりなんらかの内命があったものとみてよい。

「世譜」附巻一〈二〇頁〉および『御使者記』によれば、羽地は一六六一年にも鹿児島に赴いたことになっている。上国の目的は、五九年首里城が火災で焼けたため、その再建を歎願することにあった。前年に帰国して、また時を置かずして再び鹿児島に舞い戻るというのはいささか考えにくい話であるが、六一年九月一五日付で羽地が島津家あてに差し出した「口上之覚」があるから、一応事実として受け止めておきたい。

さてその「口上之覚」の内容はというと、①この度の王城の火災で焼失した「琉球田畠高御前帳」の書写を認めてもらいたい、②琉球は鳩目銭（まん中に四角い穴のあいた琉球鋳造の小銭）が不自由な状況にあり、城の再建のために京銭（和銭）の通用を認めてもらいたい、③城普請運送用の荷船三艘の運航を認めてもらいたい、④右船類の水手は御国本（鹿児島）の者を雇い、鹿児島から下る運漕船同様に差し下したい、⑤「苦労米」は容赦願いたい、⑥「百姓出米」も免除願いたい、⑦琉球下りの米運送船で城普請用木材の運搬を許可願いたい、以上を内容とするものであった（『雑録追録』一－九八〇号〈四五三～四五四頁〉）。

こうした歎願の内容をみると、京銭の流通規制、琉球の貨物運送手段のひ弱さ、生産力に見合わない過重な負担という問題が城の再建問題を通じて浮かびあがってきているのが理解できる。しかし琉球側の歎願内容のうち、島津氏が認めたのは①の「琉球田畠高御前帳」の書写、②の京銭の通用、③の米運送船による木材運搬の件のみであって、他は認めていない（「雑録追録」一－九八〇号〈四五三～四五四頁〉）。その理由は島津家自体がこの段階において厳しい財政状況に置かれていたからであった。

島津家では、一六四八年（慶安1・順治5）江戸城西丸の手伝い普請があり、それが終わるや一六五四（承応3・

順治11）年には内裏外囲の築造手伝いの献金を余儀なくされていた。そしてそれから間もない一六五七年には江戸大火によって桜田藩邸が類焼を被るという憂き目に遭遇していたのである。この度重なる出費に対応すべく、一六五一年領内に人別一分出銀を課し、五七年には領内内検に着手、そして翌五八年には新に苦労銀を賦課するという負担転嫁策に踏み切っていた。このような事情のもとでは島津家としても琉球の要求をすべて受け容れるわけにはいかなかった。かくして琉球としても、島津家にならって内検の実施、財源の確保など独自の王政改革に着手するほかなかったのである。

2. 政情の不安

羽地が王政改革に着手したのは一六六六年（寛文6・康熙5）摂政職についてからであるが、そもそも同人が摂政職にのぼったのには王政を揺るがすある出来事が背景にあった。事のあらましはこうである。王府では一六六三年、尚質王冊封の使者として中国より張学礼（ちょうがくれい）（正使）・王垓（おうかい）（副使）の来航があり、冬にはそれに対する謝恩使として三司官北谷親方朝暢が立てられた。また翌年には聖祖康熙帝即位の慶賀使として恵祖（えそ）親方が派遣された。如何なる理由かは知れないが、謝恩使の北谷親方は慶賀使船で悴者（こもの）らを呼び寄せたようである。ところが悴者らはこともあろうに聖祖へ進献されるはずの金壺を略取、関係者を主の北谷が帰国の途次、琉球北西の伊平屋（いへや）島に匿ったとされるのである（『北谷親方恵祖親方一件調書』）。

まかり間違えば琉清関係に破綻を来たし兼ねないこの事件の背景には、親明派と親清派の抗争も推定されるが、それを裏付ける証拠はいまのところ見当たらない。ただ王府内部に政争が渦巻いていたことを思わせるてがかりはある。例えば事件を契機に摂政の具志川朝盈（尚亨）が罷免され、三司官では事件の首謀格の北谷が誅伐された（一六六七年五月二七日）のは当然としても、一六六五年の兼城良正（馬逢煕）から伊野波盛紀（毛泰永）へのすげ替え、六六年具志頭安統（毛国棟）の登用（北谷の代わりか）、七〇年（寛文10・康熙9）、摩文仁朝維（向成文）から池城安憲（毛国珍）への交代（「歴代三司官一覧」真境名安興・島倉竜治『沖縄一千年史』、巻末）などは政情が不安定なことを暗示している。七三年（延宝1・康熙12）羽地が三司官にあてた「口上覚」でも国頭按司正則の名をあげ、邪悪の人物で大和でも当地でも自分のことを色々偽言・讒言をしている、と批判している。朝秀が公的な文書でしかも三司官らに公言しているのは国頭が政敵の一人であったからだとみてよいであろう。ちなみに国頭按司正則は、『御使者記』では一六四三年（寛永20・崇禎16）尚賢王の継目御礼の使者としてはじめて表れ、以後一六四八年（慶安1・順治5）尚質王継目伺い、一六五二年（承応1・順治9）将軍家綱の御家督御祝使、一六五六年（明暦2・順治13）年頭使、一六六〇年（万治3・順治17）光久お見舞い使、一六六四（寛文4・康熙3）年頭使、などと重要な使命を帯びて頻繁に上国、参府を繰り返している。それによって島津家当主の覚えもめでたくなり、島津家家中とのパイプも太くなっていったことは十分推察できる。王府重臣たちへの人物批評も気脈を通じ合った間では遠慮無くなされるまでになっていたのであろう。その国頭按司正則が一六六四年の年頭使の勤めを最後に『御使者記』・「世譜」附巻から消える。羽地の登場によって粛清された可能性が高い。

政争の有無はともかくとして、事件が琉清関係の危機に発展しないことが見極められた中で、羽地の王政改革は進められていった。改革の内容は役職の改編・整備、礼式の整備、因習の打破など王府政治の合理化と、財政政策を大きな柱とするが、生産力の低い琉球においては財政の建て直しは容易ではなかった。

羽地が摂政職に就く前後の頃の一番大きな入費となった事案といえば、一六六三年の冊封使の来航であった。この尚質王冊封のための使節一行は五二〇人からなり、一三八日間にわたって留まった（「冊封使渡来年表」、赤嶺守・朱徳蘭・謝必震篇、彩流社、二〇一三年〈四二八頁〉）。このため王府の借銀は膨らみ、身動きがとれなくなった。翌六四年四月一四日付で、摩文仁・兼城・具志川ら三司官が連署で島津家家老新納又左衛門宛に差し出した「覚」では、銀五〇〇貫目の拝借と、未進分の出物米をそのまま拝領とすることが願われている（小野・里井・豊見山・真栄平：一九八七年、一三号）。こうした現状を前に摂政職についた羽地は、「大和の手の内になって四、五〇年来どうして国中が衰微してしまったのであろうか、琉球蔵方の借物が年増しに多くなり、手の施しようもない」（「羽地仕置」）、と嘆いている。

3. 財政再建策

そのような王府財政の建て直し策として羽地が考えたのはまず朝貢貿易の振興であった。しかしこの頃の王府には渡唐銀さえ準備できない状況にあった。そこであらためて一六六六年八月四日付で島津家に借銀が申し入れられている。伊野波・摩文仁・具志川ら三司官は「書物」で次のように述べている（小野・里井・豊見山・真栄平：一九八七年、二七号）。

①一　冠船渡来以後借銀が過分になり、利払いも調わない状況にある。

②一　銀子五〇貫目を貸してもらえれば五年限りで必ず返済する。借りた銀子をもって渡唐船を仕立

て、商売物を鹿児島にもち登り、借銀の返済にあてたい。

③一　渡唐船の取り仕立てには過分の銀子を要するため、先年より城普請も中止し、国司（国王）の居所もない有様だけれども、双方ともことを運ぶことができない。それについては在番奉行もよく知っている。

すなわち、まず①で寛文三年の冠船（冊封使船）の渡来以後借銀が過分になり、利払いさえできない状況にあることが述べられているが、具体的には冠船来航に引き続いてそれに応える謝恩使、康熙帝登極の慶賀使、進貢使などの派遣が相次ぎ、過分の入費となったことを言っている。③によればそのため城普請も中断され、国王の居所すらないという悲惨な状況にあった。そこで②ではせめて借銀の利払いにあてるために渡唐船を仕立て、「商売物」を鹿児島市場に持ち登せたいのでその資金五〇貫目の拝借を、と言うのである。

貿易振興策は具体的には二年一貢制の下で、さらに「左右聞船」（迎接船）を派遣することであった。即ち進貢船を派遣した翌年にそれが無事着船したか否かを問うためにいま一艘を派遣するというもので、どうやらこれは清国から認められたようである。進貢の年にもう一艘交易船を派遣できたことは交易の拡大につながったばかりでなく、中国では琉球船の帰帆間際になると商品の価格を高くふっかけてくるので、後続船があることで不本意な取引をしなくてもよくなる算段であった（小野・里井・豊見山・真栄平：一九八七年、二一〇号）。こうした貿易の振興策が提案されると、島津家ではそれに関心を示し、琉球側の借銀願いに対しては重ねての訴訟は差しひかえるべきことを諭しながらも、鹿児島町人より銀五〇貫目を調達してこれに応え（小野・里井・豊見山・真栄平：一九八七年、一九号）、加えて一六六六年一〇月には御物銀子（藩公用銀）一三〇貫目、鹿児島諸士銀二〇貫目の投資を決定している（小野・里井・豊見山・真栄平：一九八七年、二三号）。

しかし、それにあたって島津家では以後遣船費用に窮しても合力は叶い難いので、王府独自で調達に当たり、借銀の返済も「国中の品々」をもって手立てを講じるよう強く自助努力をせまってきたため、羽地ら王府首脳は別に財源獲得の途として特産物の市場出荷に力を入れるようになるのである。この頃、王府ではすでに上布・綟布（麻布）・縮布・綿布などの織物類を領主的商品として鹿児島市場に搬出していた。しかしそれはあまり振るわず、手堅い財源として重視されたのはやはり砂糖と鬱（欝）金（薬種、染料）であった。これらについてはすでに一六四六年（正保3・順治3）には借債四万余両の返済のために販売されたという記録があるが（『球陽』附巻一、四八号〈六九六頁〉）、一六五二年（承応1・順治9）には島津家あてに琉球仮屋を通じて出荷することが認められ、これをふまえて、一六六七年には王府は専売制を布き、砂糖一斤当たり銭七〇〇文、鬱金一斤当たり一貫二〇〇文という価格で買い入れを図っている（小野・里居・豊見山・真栄平：一九八七年、四〇号）。

また砂糖についてはあらたな商品開発がはかられた。『球陽』によれば、一六六三年、武富（たけとみ）親雲上重隣（陸得先）が慶賀使に随行して閩（福建）に渡り、白糖・氷白糖の製法ならびに漆器技術を学んで帰国したという記事がみえる（『球陽』巻六、三四九号〈一九三頁〉）。それは早速製造が試みられ、島津光久の上覧に供されたのち、商品化の途が模索されている。

進貢貿易の振興、砂糖・鬱金の専売制、中国からの技術導入による新製砂糖の生産によって王府財政の建て直しがはかられるいっぽうで、農業基盤の確定へ向けての新たな施策も確認できる。琉球国の万治内検（まんじないけん）の結果によって、斗代（反当たり収穫高）は二斗八升余にとどまった。ちなみに太閤検地における斗代は上田が一石五斗、中田が一石三斗、下田が一石一斗であるから、日本の下田の二五％程度の生産高しかないことになる。また内検によって耕地も寛永高より引き入れとなっていたことが判明した。そこで王府は一六六六年（寛文６・康熙５）島津家に仕明け（耕地開発）を願い、許されている。仕明地は私有が認められ、百姓たちの開発意欲を刺激することになった。

仕明けを進めるにあたっては百姓に余力がなくてはならない。羽地はその点を考慮して百姓の負担軽減をはかっている。すなわち一六六七年、それまで生の労働力の徴発がなされていた夫役に現物・銭代納を認め、不払いであった百姓の使役に対価を支払うように定めている（一六六七年三月二四日「覚」〈『東恩納寛惇全集 2』一五七～一五八頁〉）。これは百姓たちの隷属的な地位を大きく改善することになっていった。

4.「琉球仮屋」の整備

羽地の改革政治についてはすでに古くから論じられてきたので必要最小限に留めておく。ただ、ここで、羽地の政治改革と関わりがあるかどうかははっきりしないが、羽地執政期に鹿児島琉球仮屋の整備をみていることに注目したい。

深瀬公一郎氏によれば、琉球仮屋は一六三六年（寛永13・崇禎9）の「薩州鹿児島衆中屋敷御検地帳」（「雑録後編」五－九八五号〈六〇三頁〉）において「新堀より下」、すなわち鹿児島城下の南地区にその記載がみられるのが初出である。いっぽう降って一六七〇年（寛文10・康熙9）の『鹿児島城下町割図』には同じ場所に「琉球證人屋敷」が描かれていることから、深瀬氏はそれを「琉球仮屋」の別称だとみている（深瀬：二〇〇二年）。

薩摩藩による琉球に対する「国質」制は侵攻二年後の一六一一年（慶長16・万暦39）に開始され、当初は琉球王府の高官の三司官、あるいはそれに準ずる身分の者が「証人」として抑留をうけた。人質制度そのものは一六四七年（正保4・順治4）に廃され、一六六〇年（万治3・順治17）かわって王位継承者たる中城王子の鹿児島上国（朝覲）制度が開始された。また一六六七年以降は親方クラスの高官が常駐するようになり、在番親方（ざいばんウェーカタ）と呼ばれて、薩摩藩との政治的交渉で重要な役割を担うようになっていった。一六六六年には財務を専門とする蔵役もはじめて設置されている。当初琉球側から二名、薩摩藩側から一名が置かれ（小野・里井・豊見山・真栄平：一九八七年、三一号）、琉球側蔵役は二番方蔵役として、砂糖・鬱金・泡盛・織物など王府蔵物の販売を掌理し、薩摩藩蔵役は一番方蔵役として藩の御用蔵物の出入を扱った。蔵役の下には手代、筆者が置かれ、蔵役と手代は三二ヶ月間詰めた。いっぽう琉球仮屋筆者は二九ヶ月間詰め、次と交代した（『古老集記類の二』〈『近世地方経済史料』三八三頁〉、深瀬：二〇〇二年）。こうして寛文期頃には機構的にも整備をみた「琉球仮屋」は上国使者の客館としてだけでなく、鹿児島において藩との政治折衝を担う琉球の出先機関、さらには経済活動の拠点という役割を担うようになっていった。正確な設置年代は明らかでないが、薩摩側からは監督にあたる役職として「琉球仮屋守（かりやもり）」も置かれた。

仮屋の正門を入ると本殿があった。王府役人が執務する場所であり、薩摩役人の応接、薩摩商人との商談もここでおこなわれた。仮屋の一角に宿泊施設があり、その北西には弁財天（べざいてん）（音楽や芸術、学問全般、財宝を授ける神）を祀った「水雲庵（すいうんあん）」があった（『球陽』附巻四－二二七号〈七四三頁〉）。「水雲庵」は一六六三年、向弘毅（大里王子朝亮）が上国のおり、資銀を擲って琉球仮屋内に創建した（『球陽』附巻一－六一号〈七〇〇頁〉）。弁財天のほか観音を奉安、庵番僧も置かれ、毎年九月には祭礼が行われた。

島津家は「琉球仮屋」が政治的・経済的な機能を強くしはじめると、藩士・領内地下の者が「仮屋」に勝手に出入りして、琉球人と親交を結ぶことに規制を加えるようになっていった。すでに一六六三年には、正門横に「琉球仮屋へ旅人が立ち入ることを禁ずる。たとえ地下人であっても、用事の時は仮屋守案内の者に許可を得ること。もし違背する者があれば処罰する」という趣旨の高札が立てられている（小野・里井・豊見山・真栄平：一九八七年、七五号。史料は年月日を「萬治六年七月七日」とする）。

また、島津家は琉球が単独で直接幕藩制市場と結びつくことを好まず、特別に「立入（たちいり）」「用聞（ようぎき）」などと呼ばれる仮屋出入りができる商人を指定して、琉球産物の換金化、貿易銀の調達に当たらせ、抜荷（ぬけに）の取り締まりを厳にしていくようになる。こうした琉球仮屋の経済機能の強化は、羽地の財政政策と分かち難く結びついていたのではと私は考える。

四　「唐之首尾御使者」

1．襲われる貢船

以上のように、羽地朝秀は摂政就任とともに王政の改革に着手し、財政基盤を整え、一六七一年（寛文11・康熙10）には首里城の重修を成し遂げる。こうして一六六九年に尚質王の跡をついだ尚貞（しょうてい）政権は安定するかのようにみえた。ところが一六七三年（延宝1・康熙12）から八一年（天和1・康熙20）に起きた中国における漢人将軍らによる復明を掲げての蜂起、三藩（さんぱん）の乱は琉球にも影響を与えないわけにはいかなかった。

一六七〇年清国へ派遣された貢船のうち小唐船は福州の港外で賊船に襲われ、貨物はもちろん船も乗っ取られている（『球陽』巻七、四六五号〈二一一頁〉、「紅姓家譜」『那覇市史資料編第一巻五、一九五～一九六頁、紅姓九世、紅自煥〈伊指川親雲上〉などは海賊遭遇の年を一六七三年とするが、ここでは「雑録追録」一－一四五一号〈五九九頁〉、一四五二号〈五九九頁〉にしたがって一六七〇年としておきたい）。乗員の一部は賊によって福州まで送り届けられ一命は取り留めたが、多くの乗り組み員は殺害された。この事件は島津家に衝撃を与えた。島津家では荷物のみならず船まで奪われたこと、手疵を負った者達を見殺しにしたこと、賊の一人なりとも捕らえておればその素性がわかったものを、何の分別もなく福州に逃れたことなどをあげ、一六七二年生還した主取（責任者）を遠島に処している（「雑録追録」一－一四五一号〈五九九頁〉）。

いっぽう事件についてほうっておくことができなかった島津家では、顛末を長崎奉行へ報告におよんだ。

長崎奉行は賊船は台湾の錦舎（鄭経）所属の船ではないかと推測し、長崎へやってきた東寧船の者に問い糺したところ、その推測は間違っていなかった。そこで長崎奉行では東寧船に銀三〇〇貫目を弁償せしめ、琉球にこれを給した。

島津家では鄭経軍に海賊行為が割りにあわないものであることを悟らせるとともに、琉球側にも賊船対策を立てるよう促している。すなわち一六七二年九月、まず賊船への対応策の検討と、交易の責任者である主取の厳格な人選を琉球側に指示している（「雑録追録」一―一四五二号〈五九九頁〉）。また琉球の願いを聞き入れてあらためて鉄砲の備えを認め、琉球では大小渡唐船に石火矢（大砲）と鉄砲を備えるにいたった。琉球の武装は禁じられていたから、島津家からの借り物である。ところが一六七〇年の賊難の際、それらも東寧軍の手に奪われていた。そこで琉球では七二年秋の貢船派遣にあたって石火矢・鉄砲の携帯を認めるよう島津家に願ったのである。これに対して島津家では、石火矢・鉄砲は余計には無いので遣わすことはできないとしつつも、鉄砲については島津家の貸与分二〇丁に王府の自弁調達分二〇丁を加えて計四〇丁の保有を認め、また異風（石または鉛などを飛ばした西洋伝来の大砲か）・棒火矢（鉄製の筒に火薬をこめて発射した火矢）も自弁でそなえることを許した（「雑録追録」一―四三三号〈五九四～五九五頁〉、同、一六二七号〈六五三頁〉）。東アジア海域世界の治安の悪さに押されて、ついに島津家は琉球が自弁で武装することを認めたのであった。

また、貢船の出帆の時期が迫ると、藩の御物座では、一〇月五日付で在番奉行伊藤次郎右衛門宛に、御物方・模合方・浮得方・国司方・琉球家中方、そのほか中乗以下の者の交易付託銀高とその買い物の突き合わせや、荷改め、荷送りの手続き等について念を入れるように促している（「雑録追録」一―一四五五号〈六〇〇～六〇一頁〉）。

こうしてこれまでになく交易を首尾よく成就することを求められた王府では、一六七三年（延宝1・康熙

12）の遺船に際しては耳目官に呉（向）美徳（名嘉眞親雲上朝衆）、正議大夫に蔡彬（喜友名親雲上）を当てた。呉らは三月三日に那覇を開船し、福州を目指した。ところが中途でやはり賊船に襲われる羽目になったのである。その時の様子について『球陽』は次のように記す（『球陽』巻七－四六五号〈二一一頁〉）。

> （前略）癸丑三月初三日那覇を開船し、十八日将に定海に到らんとするのとき、海賊船十三隻西南より来り、前後より囲擁し炮矢を放つこと雨の如し。貢船の員役力を奮ひて血戦し、辰時より申時に到るまで敢へて少しも怯まず。賊兵大敗し、囲を解きて走り去る。貢船其の難を免るるを得て閩安鎮に到る。即ち査するに、其の戦に死する者共計六人、稍々傷を被むる者共計二十四人なり。四月初五日館駅に安插す（以下略）

すなわちこれによると、三月一八日まさに浙江省定海に到ろうとする時に一三隻の賊船に前後を取り囲まれ、砲矢を雨のごとく射かけられた。これに対し貢船乗り組みの者たちは少しも怯む様子を見せず応戦した。すると戦況が不利とみた賊は囲みを解き、退却したので閩安鎮に到ることができた。被害状況を調べてみると、死者の数は六人、負傷者は二四人におよび、四月五日には柔遠駅に収容された、というのである。なお、『通航一覧』掲載の琉球側の「覚」は、賊は寛文一〇年の時と同様、錦舎（鄭経）配下の蕭啓軍だったとする（『通航一覧』巻二二、第一〈二五五頁〉）。先の一六七〇年に鄭経軍に襲われた時、さしたる防戦をしなかったことを責め立てられたので、報告に誇張があることには気をつける必要があるが、鉄砲の携行を認められた手前、相応の抵抗が試みられたことは認めてよいであろう。

2. 三藩の乱と琉球

ともあれ、使者一行は北京の聖祖に表（上呈文書）ならびに方物を献ずることができた。ところが進貢の儀が終わり、帰国する段になって雲南の呉三桂、広東の平南王尚可喜と子尚之信、福建の靖南王耿継茂と子の耿精忠（上将軍）の反乱、いわゆる三藩の乱が勃発し、福州に戻ることができず蘇州にとどまらざるをえなかった。

その間に福州残留組は耿継茂に対し、①自分たちの帰国を認めてもらいたい、②北京より帰途につく琉球の使者が福州の関所を通過すること、ならびに琉球より迎船が来るまで福州に留まることを許してもらいたい、③今後琉球人が福州に逗留する時はこれまで通り用物の売買を認めてもらいたい、④逗留中慣例通り飯米を支給願いたい、と四点について交渉、最後の④については兵糧につかえていることを理由に断られたものの、他は受け容れられている。つまり、反清勢力とも気脈を通じることに成功し、無事危機を切り抜けている。耿継茂も琉球に対しては信頼をよせていたものとみられる。

福州残留の者たちは間もなく帰国を許されたが、その折に上将軍耿精忠方の布政司の書翰二通を託され、帰りつくとその写と清国における兵乱の様子を書き留めた「口上書」を島津家に提出、光久はこれを幕府に届けた。阿部正能ら幕府老中は光久の心配りを入念の至りと謝意を表している（『雑録追録』一―一五五九号〈六三六頁〉）。

ロナルド・トビ氏はこの中国の内戦が幕府の情報収集活動を促すことになったとし、その主要ルートとして四つ挙げている。すなわち第一は長崎到着の「中国」商人―唐通事―長崎奉行―江戸（老中、林家）で、第二が北京－福建－琉球－薩摩－江戸、第三がオランダ甲必丹（カピタン）－長崎オランダ通詞（つうじ）－長崎奉行－江戸、そして第四が北京－ソウル－釜山－対馬－江戸というルートである。このうち比較的正確で直接的な情報が期待することができたのは第二の琉球ルートであったと指摘している（ドナルド・トビ：一九九〇年〈一一五～一三五頁〉）。ロナルド・トビ氏が指摘する通りであろう。

一六七六年（延宝4・康熙15）になると、靖南王耿精忠が遊撃陳應昌（ちんおうしょう）を琉球に派遣して硫黄を求め、同時に入貢を促してきた。六月二七日陳の来航を受けると、島津光久は七月二八日付で幕府に相談した。すると幕府の土屋但馬守（数直）・久世大和守（廣之）・稲葉美濃守（正則）ら老中は九月四日付の奉書をもって硫黄を渡すことを了承している（「雑録追録」一－一六八四号〈六七四頁〉）。ただし、老中奉書に招諭については何も触れられていないところをみると、その一件は島津家のもとで留められていたのかもしれない。『球陽』では「是の年、靖南王、遊撃陳応昌を遣はして之れを招けども王肯へて従はず」（『球陽』巻七、四七五号〈二一三頁〉）と、尚貞王が招諭に応じなかったことになっている。「中山世譜」も同様である（「世譜」巻八〈一二三頁〉）。なお、『通航一覧』によれば延宝五年（一六七七・康熙16）の春、先に派遣した使者一行の安否を問うため使船を送り、海賊に襲われ、福建に抑留されていた者たちを引き取って琉球に帰ったようである（『通航一覧』巻二二一、第一〈二五六～二五七頁〉）。福州に留められていたのはすでにふれた名嘉眞親雲上朝衆らで、事の顛末については島津家にも報告されている（「雑録追録」一－一七五二号〈六八八頁〉）。

一六七七年（延宝5・康熙16）、清国による反乱軍の鎮圧を確認すると、あらためて尚貞王は蔡国器（さいこくき）を派遣し、清朝の安否ならびに未だ帰らぬ貢使名嘉眞朝衆らの消息を探問せしめた。聖祖はこれをおおいに喜び讃えた（『球陽』巻七－四八二号〈二一四頁〉）。翌一六七八年に清国へ耳目官陸承恩（りくしょうおん）（向嗣孝）・正議大夫王明佐らを派遣しているが、この時、勅書および貢使迎接の船を一隻増して往来の便に備えんことを聖祖康熙帝に願い、許されている（「世譜」巻八〈一二四頁〉）。いわゆる接貢船が認められることになり、琉清関係は新たな段階に入ったのである。

3.「唐之首尾御使者」の常例化

いっぽうこの年、尚貞王は島津光久の許に福州から帰国したばかりの名嘉眞朝衆を派遣している。「世譜」附巻は同人は壬子（一六七二・寛文12・康熙11）派遣の進貢使として渡清し、去年（一六七七・延宝5）八月帰国したことを報告におよんだ」と記す（「世譜」附巻二〈二五頁〉）。すなわち「唐之首尾御使者」である。

「唐之首尾御使者」自体は一六一一年（慶長16・万暦39）にはじめて池城親方安頼が勤めたことが『御使者記』にみえる。島津家久が琉球侵攻後琉明関係が途絶えるのを恐れて、進貢年にあたる一六一〇年に池城をして入貢せしめ、池城はその首尾について、駿府の家康のもとへ報告におよんだことはすでに述べた。島津侵攻後一〇年一貢に制限された貢期を二年一貢に回復するために渡明し、一六二五年に復命報告を行った名護親方良豊も「唐之首尾御使者」と呼んでよいように思うが（『御使者記』、「世譜」附巻一〈六頁〉）、しかしその後使者名は記録から消え、再び登場するのははるか後の一六七八年（延宝6・康熙17）のことである。その後は一年置きに派遣され、一八七〇年（明治3・同治9）まで続けられることがわかる（真栄平：一九九〇年）。

こうして「唐之首尾御使者」が、三藩の乱によって数ヶ年にわたって中国への滞留を余儀なくされた名嘉眞朝衆の帰国を契機に復活・慣例化することになっていった。それは三藩の乱後の清国の国情を見極めるための情報収集をまず第一の目的とするものであった。たとえば一六七八年進貢の役を帯びて渡清した前川親雲上が帰国後の八〇年、光久の許に唐物を携えて復命におよんだのに対し、光久は「北京より首尾よく帰帆し、清国もいよいよ平和な状況にあることを伝えてくれたことを嬉しく思う」、と尚貞王に書を送っている（「雑録追録」一―一七八九号〈六九九頁〉）。しかし島津家が使者の上国を義務づけたのはそのためだけではなかった。同時に買い物の首尾を報告させることによって貿易運営が放漫になるのを防ぐためであった。すでに触れたように、この年接貢船の派遣が康熙帝より認められ、毎年渡唐船の派遣が可能となったことで、進貢貿易は新たな段階を迎えることになった。そのことを島津氏が認識していたらしい様子は、渡唐船の毎年派遣となる八〇年の九月一五日付で、渡唐人に触れ渡すべき条々として島津家家老新納近江が三司官らに示した「覚」（「雑録追録」一―一七八四号〈六九八頁〉）に伺うことができる。それでは①今後は毎年の渡唐になるはずであるが、色々緩みが生ずるものと懸念されるので、注意を怠らないこと。②御物銀（公銀）の支出管理はますますしっかり行うこと。以前は島津家の御用は渡唐人一人が鹿児島に上り御用を承っていたが、今後もその通りにするように。③買い物は島津家にとって為になるように調えさせること、値段の安さのみに気をとられて絹布の質・丈尺の吟味を怠り、用をなさない品もある。④毒薬を持ち渡らせないように。⑤渡唐人には例の如く神文を申し付けるように、などと達している。この史料をそのまま素直に読むと、交易が拡大するにあたって基本的な貿易運営上の心構えを示し、琉球にも状況の変化を自覚させようとしていたものと受け取ることができる。しかし他の史料とあわせ読むと内容はそう単純でもないように思えてくる。

たとえば一六八二年（天和2・康熙21）九月二一日付の家老らによる三司官宛の書状と思われるものは、次のような内容となっている（「雑録追録」一―一八三一号〈七一一頁〉）。

①年々唐御買い物代銀が増し、あるいは同値段でも絹物そのほかの物でも粗悪品をもたらしている。唐の様子については長崎にて詳細に聞こえるところで、鹿児島では知るまいと、渡唐人たちはいい加減に思い、粗略をしたものと思われる。この頃唐に於いては不自由で、用物を調達することができないなどと鹿児島で申し上げれば済むものだとも思っているのであろうか、皆もって右のような返事である。不届きの至りである。今後も変わらないようであれば不正の事柄と断じるので、その旨堅く申し置く。

②詰まるところ、人選の吟味をせず渡唐人を派遣した結果である。当年より渡唐人についてよくよく人物の吟味を行い、確かなる人物を申し付けること。幸いにも大里按司が鹿児島に詰めているので、右のことを琉球へ申し伝えるように申し達する。

③当年帰帆の渡唐人の行為は宜しく無いけれども、ひとまずは許す。このうえ不届きの行為について按司らが知っているなら、厳しく処罰を申し付けるよう申し達する。

すなわち、この史料は、年々唐での買い物は粗悪であるにもかかわらず値段が高くなっているとし、渡唐人に市場での取引きの実態についてごまかして責任を逃れようとする態度がみられる、それはその人選に問題がある、と指摘する。この通りだとすると、先の一六八〇年九月一五日付 の「覚」はそうした状況を是正することを求めたものということができよう。ただし、なおこの段階までは「唐之首尾御使者」を責めることをせず、次の渡唐人らの努力に期待しようとしたことがわかる。

しかし、二年後の一六八四年（貞享1・康熙23）を期して島津家の態度は一段と硬化する。すなわち、この年、光久によって、高い買い物をしたという理由で小禄親雲上盛聖が「唐之首尾御使者」として上国することを拒まれ、代わりに安里親方賢弘が首尾報告に赴いている（『世譜』附巻二〈二八頁〉）。そればかりでない。年が明けて八五年の一〇月七日、家老新納久辰は光久の意をうけて唐買い物にあたって心がけるべき一二ヶ条の「覚」を示すにいたっている（『雑録追録』一－一九三四号〈七四一頁〉）。その冒頭の条によれば、唐における買い物値段が年々高騰してきたことについて、納得がいかないと申し渡したが、渡唐人らより明確な返答がなくはっきりしなかった。そこで折しも一六八四年、尚貞王冊封使汪楫（正使）・林麟焻（副使）らの来航に応えて謝恩のため渡唐することになった三司官池城親方安憲（毛国珍）に対し、中国における買い物事情を調査し、しくみを建て直すよう申し渡した。そして、安憲が応分の働きをみせたので、渡唐人は福建の市場の事情をよく知る同人の指示を得させることとなったようである。

以後買い物に当たる渡唐人はこれまで功績のある者を選び、買い物役人は二人置いてそのうちの一人がはじめての者をともない、次回はその人物がまたあらたな者を買い物役に加えるようにし、一人が二、三年にわたって経験できるようにして、買い物には必ず経験者が加わることが企図されることになった（「覚」第五条）。

こうして、光久は池田安憲という中国市場に明るい人物を中核に据え、渡唐人の派遣方法の改善、買い物ならびに帰帆時期に対する認識の切り替えを求め、また渡唐人へ個人貿易を認可して貿易への意欲を引き出すことにつとめ、不調な琉球貿易を立て直そうと図ったのである。

ただし、光久は買い物値段の高騰は単に琉球側の渡唐人らの誠意の足り無さに帰すべきものではないことを承知していた。清国では鄭経の戦力を削ぐために出された遷界令がその子鄭克塽の降伏した翌一六八四年に廃止され、展海令が公布された。これにより唐商船の出海・貿易は活発化し、琉球の渡唐船が商品を買い付けるのは容易でなくなっていた。長崎にも例年にかわり、過分に唐商船が渡来しており、琉球の渡唐役者らの話と符合する。これに対して幕府は（一六八五年〈貞享2・康熙24〉）唐船の自由貿易を制限し、今後唐商船の来港等は減少するであろう、そうなれば唐での用物も調えやすくなる、物の値段も落ち着いてくるであろう、との見通しを示している（「覚」第一二条）。幕府による唐商船の自由貿易の制限とは、いわゆる貞享令（定高貿易仕法）の発布である。琉球もその適用を受け、以後その制限高の枠内で交易を展開することになる。

五　宝永七年の琉球使節

1. 参府無用論から参府容認へ

貞享令の適用を受けたという点では、琉球が幕藩制国家の一部と認識されていたことになる。紙屋敦之氏によれば、そのことを示すかのように、一七〇八年（宝永5・康熙47）一〇月二日島津氏に「四座之猿楽配当米」（観世・宝生・金剛・金春の猿楽四座あて配当米）の上納が命じられているが、それは琉球の石高一二万三、七〇〇石を含む島津氏の総石高七二万九、五六〇石に賦課されている（紙屋：一九九〇年〈二四七頁〉）。ところがそれより四年前の一七〇四年に幕府は家宣が五代将軍徳川綱吉の養子になった時に計画された慶賀使の参府を許可せず、また一七〇九年綱吉の死去にともない、家宣が将軍の位を継ぐにあたっても参府無用とした（宝永六年二月「松平薩摩守御内意申上候口上覚」「雑録追録」二－二七五六号〈八二一～八二五頁〉、以下「薩摩守口上覚」と略記する）。

なぜ幕府は琉球人の参府を必要ないとしたのか。歎願の結末について国許の家老衆に伝える江戸家老島津帯刀（仲休）の三月一二日付の覚書は、「現在は御老中様方も古い事蹟については御存知ない方のみなので、家宣が綱吉の養子になった時のように一通の御沙汰だけで使者を差し上げるにはおよばないとおっしゃられては、こちらの物入りは無くなるはずであるが、琉球に対する島津家の御威光はどうなるかと賢慮する向きもある」と述べている（「雑録追録」二－二七六四号〈八二七～八二八頁〉）。すなわち、琉球が使節を将軍のもとに派遣するにいたった古いいきさつについては将軍も、意見を具申すべき位置にある老中らも知らないからではないかと指摘している。綱吉の将軍襲職に際しては一六八二年（天和2・康熙21）慶賀使名護王子朝元・恩納親方安治（副使）らの参府を認めたが、それから二〇年も経っていたので、使節参府の故事が忘れられても仕方がなかった。しかし島津家にとっては一片の通知のみで済まされる問題ではなかった。先の「薩摩守口上覚」は「薩摩守（島津吉貴）こと、先祖とは相替わり、功労がなく従来の勤めも果たし難く、家格もいよいよ軽くなったものか」と琉球に思われるのではないかと述べている（「此節も先格ニ相替、使者差上候儀無用之筋ニ被仰付候ハ、薩摩守事先祖共ニハ相替、働茂無甲斐付而、有来候儀をも為勤候儀難成、家格も連々軽成行候歟と琉人積候儀も可有之哉」）。すなわち、島津家の家格低下と認識され、琉球支配が行き届かなくなる、と島津家では懸念したのである。

この問題に関する幕府の担当者は間部越前守詮房で、間部は四月二四日になって島津帯刀を呼び、「将軍にあっては先例の通り中山王より『御礼』を申し述べさせる考えである」と通達におよんでいる。島津帯刀の「口上書」ならびに琉球の方角絵図などをとくと見届けた間部は「琉球は朝鮮とは格別訳が違う、第一日本の御威光になることなので、先規の通り仰せ付けなくてはならない、絵図などを示されて詳細な事情を知った。内々に知っていたことよりも気遣いが必要な領国である」と述べた旨、交渉にあたった家老の奥村治右衛門が語っている（琉球者朝鮮と者格別之訳ニ而、第一日本之御威光ニ罷成事ニ候間、先規之通不被仰付候而不叶事ニ候、絵図迄被遣候故委細訳相知候、内々存候より茂、扨々御心遣成御領国ニ而候と、呉々越前守申候と、治右衛門申候」）（「雑録追録」二－二七六四号〈八二七～八二八頁〉）。こうして間部の理解を得て、月番老中本多伯耆守へ伺いをたて、来夏に琉球から使者が差し立てられることになった（「雑録追録」二－二七六四号〈八二七～八二八頁〉）。

琉球では早速賀慶使派遣の準備にとりかかったが、しかし、琉球にとってこの年は経済的にきわめて厳しい年となった。まず首里城が火災に遭って物入りとなり、かつ貢船が伊平屋島で難破するという災難に加えて台風が相次ぎ、冬から翌一七一〇年（宝永7・康熙49）春にかけて全島が飢饉にみまわれた。そのうえ使者の鹿児島上国がかさなった。すなわち、年頭使（与那原親方良昌）、将軍綱吉薨去に対する弔問使（大宜見親方朝楷）を送り出した後、尚貞王の死去を知らせる飛脚使（森山親雲上紹喜）がたてられた。その後も上国の使者は、綱吉室浄光院の死去に対する弔問使（伊良皆親雲上盛誠）、尚益王即位報告の使者（今帰仁按司朝季）、若年寄鳥居播磨守忠英夫人（綱久の娘）の死去に対する弔問使（国吉親雲上朝祥）、貢船難破の報告使（有銘親雲上盛智）、王城火災の報告ならびに米三〇〇〇石拝借を願う遣使（奥原筑登之親雲上崇満）、借用の奄美大島貢米の償還年期等につき報告使（田頭筑登之親雲上真仲）等と、とめどなく続いた（「世譜」附巻三〈三七～三九頁〉、『御使者記』）。こうした災害と相次ぐ使者派遣にともなう財政消耗がはげしい中にあって、琉球としてはあらたに尚益王即位の御礼使（謝恩使）の派遣に取り組まねばならなかったのである。

2. 異朝の使者

琉球より恩謝使派遣の相談を受け、島津家では賀慶使同様幕府の認可を仰いだ。そして、家格をかけて先例通りの使節派遣にこだわる同家では、家老新納市正・島津帯刀らが、次のような使節派遣心得ともいうべきものを定め、一七〇九年九月二六日付で堀甚左衛門（興昌）をして通達せしめている（「雑録追録」二―二八六一号〈八七二頁〉）。

扣写

(a)　一　(ア)来年継目使者の江戸派遣が決まったならば賀慶使と別々とせず一組とする。国王継目の使者の供人数は随分減らすようにし、これまでの両人役の例の場合は一人、四人役の例は二人ほど減らすようにすること。(イ)座楽人はそれぞれ使者ごとに召し連れるのではなく一通りの員数とし、それ以外の余計の人数を召し連れることはしない。(ウ)しかしながら小姓二人までは継目の使者の列に加えるように。楽人の内に病人が生じた場合、代わりになるよう器用を見合わせて選ぶこと。(エ)路次楽人(ろじがくにん)は別々にそろえるにはおよばない。両使者の真っ先に一組を相備えるようにする。もっともながら副使以下供人の頭々も格に応じ同行の人数を削減のこと

(b)　一　道中の宿幕は日本の幕では不相応である。何か変わった幕地で仕立ても変わったものにしてもらいたい

(c)　一　長刀の拵えよう、錦物で飾ることも検討のこと

(d)　一　鑓も大清の鉾のように拵えること

(e)　一　右のほか海陸旅立ちの諸具は異朝の風物に似せるようにし、日本風にしないこと

(f)　一　雨具についても右同断

宝永六年九月二十六日　　堀甚左衛門(興昌)

冒頭の条をみると、賀慶使・恩謝使二組の使節団を一組にし、供人数を減員、座楽人も余計の人数を召し

連れることはしない、ただし小姓二人までは継目の使者の列に加え、楽人の内に病人が出た場合は補充ができるようにする、路次楽人は「御祝使」、「御礼使」の使者毎に別々にそろえることはせず、両使者の先頭に一組だけそなえるようにする、としている。員数の削減がはかられているのは琉球の窮状が汲みとられたのであろう。

ちなみに一六八二年（天和2・康熙21）、将軍綱吉の継目の「御祝使」として、名護王子朝元（正使）・恩納親方安治（副使）が派遣されるにあたって、前年の正月二八日付で新納喜右衛門（久行）より琉球仮屋守有馬次兵衛・在番真壁（まかべ）親方宛に次のようなことが指示されている（「雑録追録」一―一八〇〇号〈七〇三頁〉）。

①来年江戸へ使者を差し上せることとなり、献上品については去秋仰せ渡し置いたところであるが、この度のことは特別に配慮が要るので、量をかさむように仰せ付けられた。先年（一六七一）差し上せた時の献上物は、脇々に対しては粗相で、形がつかなかったので、この度は軽少にはならないよう配慮するようにとのことである

②先年御使者付衆の衣裳、ならびに道中「乗掛廻」（道中馬の装い）も粗相であったため、よくなかった。「乗掛廻」は借り物で間に合うとのことである。特に小姓衆の仕度には念を入れるように

③近年江戸、鹿児島の表向きの世界では以前と違い、年々結構になっているので、先年のような対応ではよくないとのことである。万事琉球仮屋守と内談したほうがよい

これによると、一六七一年（寛文11・康熙10）の使節派遣の時、脇々への進物が粗末で供の旅仕度が見栄え

が悪かったことが問題とされ、一六八二年の使節派遣に際しては見直されたらしいことがわかる。七一年の使節とは尚貞王即位の「御礼使」で、正使は金武王子朝興、副使は越来親方朝誠である。一行は七月二八日将軍に見え、進物を献じている。その時の将軍への進物は問題なかったようであるが、それ以外の将軍家一族、幕閣など脇々への進物が粗末であった。また、使者付衆の衣裳ならびに道中馬の装いもみすぼらしかったようである。これでは異国使節をひき具しての通行の演出効果が薄くなるから、島津家では気になっていたのであろう。そこで一六八三年（天和3・康熙22）の段階では、江戸・鹿児島でも経済的に華美になってきているので先年（七一年）のようではうまくいかない、というのである。こうしてみると、八二年の使節派遣にあっては七一年の時とは違って一段と派手になっていったものと思われる。それをこの一七一〇年の参府にあたっては無駄を省いて質素なものにしようとした。これが一七一〇年（宝永7・康熙49）の使節派遣に際してみられる特筆すべき点の第一である。

　第二の点は使節一行への中国風俗の強制である。九月二六日付通達の(b)～(f)をみれば明らかなように、宿幕・長刀・雨具そのほか諸具の類まで「異朝の風物」に似せるよう指示され、琉球が異国であることを内外にアピールすることが工まれている。使者も「正使」（豊見城王子朝匡）、「副使」（美里王子朝禎）と中国風に改められることになった（紙屋：一九九〇年〈二六九頁〉）。『通航一覧』巻九には、尚益王の老中に宛てられる書翰より書式が漢文に変わると注記されているが（八二頁）、これには島津吉貴の官位昇進問題がからんでいたものとみられる。当時、島津家では家老島津仲休（帯刀）を中心に近衛家と組んで吉貴の昇進運動が展開されていた（林匡：二〇〇八年、木土：二〇二一年）。昇進の口実にするには琉球の異国性を際立たせることが好都合だったからである。

宝永七年の使節派遣にみられる特筆すべき第三の点は、使節一行の大坂川口ならびに江戸城内における幕府の応接向きが改善されたことである。使節一行が大坂に到着すると、京都までは諸大名が川御座船（かわござぶね）で溯行した。慶賀・謝恩のどちらか単使の場合は四艘が供されたが、この年は使者が二人だったので六艘が出され、それぞれ熊本藩細川・萩藩松平・小倉藩小笠原・浜田藩松田・津和野（つわの）藩亀井・福岡藩松平の西国六大名が役を担った。宮城栄昌氏によれば御座船はこの年が始見だといわれるが、ほかに淀川溯行にあたっては上荷船六五艘、過書船四五艘、綱引き人足四五〇人が沿岸在々から供給され、伏見以東の御料・私料から人馬が徴発されたという（宮城栄昌：一九八二年〈八四～八五頁〉。ほかに淀川沿岸住民に課された綱引人足役、御座船の馳走役についてとりあげた研究として日野照正：一九八六年、飯沼雅行：二〇〇四年、同：二〇一〇年、木土博成：二〇二〇年などがある）。

先例と違うその理由について「島津家列朝制度」巻之一三（七八九号〈三九七頁〉。以下「列朝制度」と略記する）は次のように述べている。①太守様の威勢が軽くなっては琉球国の仕置に影響が及ぶ。②琉球は大唐より代々王号を授与されていながら、こちらの武威に伏し、はるばると使者を差し上げている国である。いい加減な応接をしては異国に聞こえ、その批判も不安に思われるためである。

ここに私達は琉球使節に対する島津家の思いと幕府のそれが一致するにいたっていたことを知り得る。島津家では、そうした公儀の配慮は将軍の太守様に対する思いやりを示すものであることを琉球中山王は有り難く思い、使者役々の面々はもちろん、諸人へも周知せしめるように、と通達している。そこには日本の最高権力の恩寵を説くことによって琉球を心服させようとする構図を読みとることができる。宝永の使節の派遣に際しては、ほかにも第四点として参府の最中に島津吉貴に対して縦四位上中将の位が与えられ、以後官位の叙任が慣例化していくこと、またこれまで二〇〇〇俵であった扶持米が三〇〇〇俵に加増されるということを挙げえるが（宮城栄昌：一九八二年〈二七頁〉）、これらも右の思惑からだとみてよい。

六　正徳期の書翰問題

1. 琉球国司から琉球国王へ

琉球の使者一行が江戸を発った後の一七一一年（正徳1・康熙50）五月一五日、島津吉貴は恒例により登城、将軍家宣に謁すると、老中井上河内守正岑（まさみね）より琉球人を召し連れて参府した功により来年の参勤は免除する旨が伝えられた（「雑録追録」二―三〇八一・三〇八二号〈九五七～九五八頁〉）。これは吉貴にとって名誉のことであった。琉球にその報せが届くと、尚益王は一七一二年御参府御容赦の御祝使として、前川親方朝邑を鹿児島に送っている（『御使者記』）。こうしたことでも国王は使節参府が島津家への奉公になっていることを誇らしく思ったに違いない。

そんな尚益王に、吉貴は称号を琉球国司から琉球中山王と称することを許す（「世譜」附巻三〈四〇頁〉）。それは一六三六年（寛永13・崇禎9）より国司と称するように命じられてから実に七六年ぶりのことである。それは一七一〇年の使節が異国の風体を強調するように指示がなされたことと合わせて考えれば、宝永期は琉球国の異国としてのイメージ作りがなされた時期と捉えることができる。書状の漢文化も同じ線上でとらえることができよう。

先祖伝来の呼称を許された尚益王の感慨はいかばかりかであったかと思われるが、しかし感激も束の間、王は一七一二年七月一五日、在位三年にして他界した。王府ではただちにこの事を島津家に報せる船を出したとみえて、七月二〇日には使者（玉城親雲上朝薫）は鹿児島に到着しているが（「世譜」附巻三〈四〇頁〉）、ほかにもこの前後に律儀に使者を鹿児島に送っている。その中に二件触れておきたい案件がある。一件は六月一〇日に鹿児島に到着したとされる上間親方安通を使者とするものである。「世譜」附巻は、同人は「将軍の使臣を優待し、且つ品物の寄賜を謝する事の為」に「江府に書翰を転達」することを使命とした、とする（「世譜」附巻三〈三九頁〉）。もう一件は七月二三日に鹿児島に到着したとする名護親方良直を使者とするものである（「世譜」附巻三〈三九〜四〇頁〉）。同人については「世譜」附巻は「将軍の琉球の使臣を優待し、且つ品物を寄賜するは原吉貴公の恩に出るを謝する事の為に」派遣されたとする。平たくいえば、上間安通は先の琉球の使節を優待し、その上に下賜品まで賜った将軍への礼状を江戸に転達する役目で、いっぽう名護良直は右のことをもたらした島津家当主吉貴へ謝辞を述べる役目を担っていたわけである。『御使者記』は、このうちの島津家当主への謝礼使について「御礼使是より始まる」と記している。ところが綱吉の将軍襲職の慶賀を終えた翌一六八三年（天和3・康熙22）に、島津家当主綱貴の許に野嵩親方安平が「去年江戸への御使者帰帆につき、鹿児島まで御礼使」（『御使者記』）として派遣されているから、それは当たらない。将軍への謝辞転達使がこの時は見えず、一七一二年（正徳2・康熙51）が初見であるから、『御使者記』が取り違えているものと思われる。すなわち、正徳二年に新たに派遣されるようになるのは将軍への謝辞転達使と解したい。ともあれ幕府あての遣使は、ここにまた一段と丁重さが加えられることになったということを指摘しておきたい。

将軍への謝辞転達、吉貴への御礼言上で一七一〇年（宝永7・康熙49）の使節派遣はいちおう決着がついたかたちとなった。ところがその後、琉球・幕府を予期せぬ出来事が襲うことになった。すなわち七月に琉球国王尚益が急死、ついで一〇月には将軍家宣が没した。このため琉球で再び新将軍家継（いえつぐ）の即位を慶賀する使者と、新国王尚敬（しょうけい）の継目御礼の使者とを差し立てねばならなくなったのである。

島津家から使者派遣の申請がなされると、一七一三年二月九日、阿部豊後守正喬（まさたか）ほか四人の老中は、島津吉貴に来年尚敬王継目の御礼使（恩謝使）を召し連れて参府することを許した（「雑録追録」三－一六七号〈七一頁〉）。これによると、すでに前年の一二年に尚敬王の即位と同時に吉貴を通じて伺いをたてていたことになる。「世譜」附巻には「本年（正徳2・康熙51）尚敬王の即位を稟明する事の為にす。向氏玉城按司朝孟を遣わす。八月一三日薩州に到り、一〇月初三日国に回る」とある（「世譜」附巻三〈四〇頁〉）。

この頃の幕府と琉球の関係をみると、琉球から渡唐銀の元禄銀位への吹き替え願いが出されたのに対して一三年七月にこれを許すということがなされている（紙屋：一九九〇年、二五三頁）。幕府の対応に関心が集中していたこともあって情報は比較的早く入手できたのではないかと思われ、年が明けると早速使者を派遣するにいたっている。すなわち、一七一四年（正徳4・康熙53）将軍家継の将軍職襲封を慶賀するため尚氏与那城（よなぐすく）王子朝直（正使）・知念（ちねん）親方朝上（副使）を、また尚敬王の即位を謝するために金武王子朝祐（正使）・勝連親方盛祐（副使）を派遣し、両使は六月九日鹿児島着、一一月二六日に江戸に到っている（「世譜」附巻三〈四一頁〉）。使節一行の到着を待つかのように、二九日には吉貴は従四位上中将から正四位下に叙任された（「雑録追録」三－四二五・四二六・四二七号〈一七二～一七三頁〉）。一七一〇年の使節参府の例に準じられたのである。

2. 新井白石と琉球

その後島津吉貴は一二月二日、使節をともなって将軍家継に拝謁、ついで同四日に再び登城して家継に楽を捧げたのに対し、家継よりは吉貴および両使に金銀の下賜がなされた。同六日には暇を乞うために三度目の登城となり、その場で中山王・両使・従者らへの品物の下賜がなされた。将軍に対する諸儀礼が終わると、同九日東叡山（寛永寺）への参詣となっている（「雑録追録」三一四三三号〈一七五頁〉）。

予定された諸行事がほぼ終わり、使節一行は一二月二一日に江戸を発つことになった。ところがこの間に思いがけずも琉球書翰問題が幕府より提起されることになった。先の一七一〇年（宝永7・康熙49）の尚益王の書翰が漢文体となっていたことが、この時に問題にされたのである。この件については宮城栄昌氏が詳しく論じているから、以下それに拠りながら概要を述べたい。

宮城氏がいうように、日琉間の往復文書は室町期に和文体（候文や仮名文）が用いられ、近世の薩琉間については候文での遣り取りが多い。ところが宝永七年五月三日付の尚益王の書翰は漢文体をなし、そのなかの「貴国」「大君」「台聴（たいちょう）」などの文言が問題となった。それは前回の一六八二年（天和2・康熙21）の慶賀使派遣に際しての尚貞王書翰の形式を踏襲したものであった（『壬戌琉球拝朝記』、宮城：一九八二年〈一四五頁〉）。

尚益王書翰を問題にしたのは老中阿部豊後守正喬で、阿部は一七一四年（正徳4・康熙53）一二月、薩摩守吉貴に対し、

①先年の中山王より一位様（将軍家宣正室天英院）への進上物目録ならびに箱書などが真字（しんじ）（漢字）になっ

ている。こちらを敬ってのことと思うが、琉球は薩州に属しているので、日本国風に従うのが当然である。以後は女性であるのでひらかなを用いること、

②老中への披露状の内に「貴国」「大君」「台聴」などという字がある。「貴国」とは同輩の国同士で先方を敬する時に用いる字であり、「大君」は前代に思うところがあって朝鮮にも申し入れて改めさせ、用いていない。「台聴」は日本では相手を尊んで用いる字であるが、異国では少しでも敬う人であれば誰にも用いる字であるので、前代よりこれまで日本では通常の書には用いていない。これらのことをよろしく心得てもらいたい。

などと指示している（「雑録追録」三―四三四号〈一七五～一七六頁〉）。

一七一〇年の尚益王からの一位様への進上物目録ならびに箱書などが仮名で記されていたのが一四年には「真字」となっていることを問題にされ、以後は日本国風を用い、女性に関しては前々の通りひらがなでよい、また「貴国」「大君」「台聴」の表現にも日本ならびに将軍を敬する意味はないので改めるように、とされたのである。

老中阿部の指摘をうけると、使者金武王子・與那城王子らは困惑し、翌一七一五年正月、島津家の日高次左衛門・児玉宗因を通じて次のような質問を寄せている（「雑録追録」三―四六四号、〈二〇三～二〇五頁〉）。

一　御老中よりの御返翰を拝見したところ、文書の様子は先のものと違い「大命」「有降」「上眷」「優渥」などの文字があり、書き止め（文書の末尾に書く語句）も変わり、宛所も中山王とだけある。以前

よりの国王の書翰では「大君」「貴国」「欽命」「台聴」などという敬意を表した文字を使ってきたが、この度の御返翰には不相応かと思われる。来年は御老中に礼状を差し上げるはずであるが、右の文字をどのように表現すべきか。

一　一位様・月光院様（家宣側室、将軍家継生母）の名前もどのように書けばよいのか、またお二方とも同様の敬称で表すべきか。

いっぽう逆に「貴国」「大君」「台聴」の文言を用いた理由を聞かれた琉球の使者らは、次のように答えている。

大君は大なる君のことで、帝王のことをもいう。その国土の主君のことに用いる文字である。「台聴」は三公（中国の官職名、司馬・司徒・司空をいう）の耳に達することをいう。「三台星」（紫微星を守る上台・中台・下台の三星）にたとえて三公という。この三公以外の人にこの字を用いる時は非礼にあたる。かつまた日本では貴人・高人などと称するように、相手国を尊敬して用いる文字である

こうした琉球の使者らとの遣り取りについては、阿部豊後守に取り次がれた。阿部はこれを受けて、これまで琉球へ遣わした書状の通り「小竪文のかたちにして和文で調え、もちろん目録までもすべて和国通用の書式」（「小竪文之躰ニ、和之文章ニ相調、勿論目録等迄一向和国通用之書式」）とするよう指示している（「雑録追録」三—四六九号〈二〇六頁〉）。

この問題の表向きの提起者は老中の阿部であったが、実際の提起者は宮城栄昌氏（一九八二年〈一四九頁〉・

梅木哲人氏（二〇一一年〈二九七～三二九頁〉）が指摘するように、新井白石であったことは『通航一覧』巻一一の「白石私記」の引用文（一二五～一二七頁）をみれば明らかである。周知のように、白石は朝鮮通信使の待遇の簡素化とともに国書中の称号問題にとり組んだ。すなわち、従来朝鮮の国書には「日本国大君殿下」と書き、幕府の返書には「日本国源某」と書いていたのを双方とも「国王」とすることに改めた。「大君」が朝鮮では王子の嫡子を意味する称号だったからである。白石が琉球の書翰でも「貴国」「大君」「台聴」の使用を禁止すべきだとしたのは、宮城氏がいうように、日本からみれば琉球は領国であり、国王は将軍の陪臣であるという認識があったからだといえよう。

こうした書式を日本風とするように定められたことは、島津家あての領地判物高に書き加えたことと合わせて、琉球が日本の領内であることを明確にしたことになろう。しばらく稀薄になっていた琉球との関係は使者派遣を契機に明確化の方向に向かったといえる。

白石のいわゆる正徳の治は、このほか長崎貿易の制限を意図した「海舶互市新例」の制定がなされたことで知られるが、琉球には一七一四年（正徳4・康熙53）五月、交易銀の慶長銀位への改鋳を許すいっぽうで、「新例」発布とともに渡唐銀高に制限を加え、琉球側からの申告に基づいて進貢料銀八〇四貫目のうち二〇〇貫目を、接貢料銀四〇二貫目のうち一〇〇貫目を減じるよう申し渡している（「雑録追録」三－五九七・五九九・六〇〇号〈二四三～二四四頁〉、同三－六二七号〈二五一頁〉）。これもまさに、琉球を日本の領内とする認識から出た処置であったといえよう。このことが琉球に伝えられたのは一七一六年（正徳6・享保1・康熙55）閏二月一六日付であった（「雑録追録」三－六三五号〈二五三頁〉）。琉球が積極的に従属的地位を選ばざるを得なかったのは、交易銀の調達を日本に依存しなければならないという事情があったことを考慮する必要があろう。

七　隠蔽と開示のはざまで

1. 徳川吉宗政権の琉球使節への対応方針

幕府では、一七一六年（享保1・康熙55）徳川家継が薨じ、吉宗が将軍職に即いた。このため尚敬王は弔問の書を転達せしめるため島津家に川平親方宗相を派遣し、そして一七一八年には四月二二日付で当主吉貴に書を送り、「公方様の御代替わりにつき、先例の通り使者をもって御祝儀を申し上げることを江戸へお伺いなられ、有り難き次第に思います」（「公方様就　御代替、先例之通以使者御祝儀申上候儀、江戸江御伺被仰渡、難有次第奉存候」）と、幕府に参府の伺いを立て、許可を取り付けてくれたことに謝意を表している（「雑録追録」三－九一九号〈三四七頁〉）。

幕府の許可が下りると、さっそくその年吉宗の襲封を祝う使者として越来王子朝慶を江戸に派遣するにおよんでいる。この時副使として西平親方朝叙が従っているが、同人には清国冊封使への献上物の中に武具の類を含めることを認められたことに対する謝辞を述べる役割が課されている（幕府は海外への武具の持ち出しは禁じていたが、儀礼用の具足・刀・長刀・鑓・馬具の類などについては琉球の謝恩使が清国皇帝に献ずること、冊封使らが帯びていくことは認めていた）（「雑録追録」三－八七〇号〈三三三～三三四頁〉、同八八三号〈三三七～三三八頁〉）。冊封使の一件については一七一六年に島津家と費用の借り受け交渉がなされているから（「雑録追録」三－七二二号〈二七七頁〉、「世譜」附巻三〈四二頁〉）、同時に対幕交渉も進められていたものとみてよい。冊封使の渡来は翌年に迫っており、王府としてはそれを直前にして清国側の要求に沿うことができたという点ではその柔軟かつ気遣い外交の成果であったといってよかろう。

御祝使の越来王子朝慶・西平親方朝叙は一七一八年一一月八日に江戸に到着した。この時の使者一行に対する接遇のありかたは将軍吉宗の節約方針により、これまでの寅（一七一〇・宝永7・康熙49）・午（一七一四・正徳4・康熙53）よりも質素の方針が貫かれたといわれる（宮城：一九八二年〈一三五頁〉）。両年も質素の方針がとられたからそれを上回る倹約ぶりであったことになるが、それは具体的には次のような点に示されていた（「雑録追録」三－一〇三七号〈三八五～四〇三頁〉）。

①寅。午両度の琉球使節の参府の節は、将軍が音楽を聞かれた後にお料理を下されたが、この節は料理は下されず御茶を下された

②寅・午年は楽を上覧後、琉球人に御暇を下されるので、何日何時召し連れ登城するように御書付をもって仰せ渡され、三度の登城におよんだが、この節は楽奏した日に御暇を下されたので、二度の登城で済んだ

③寅・午年は、使節に御暇を下された後、上野宮に参詣したけれども、この節は仰せ付けられなかった。使者の越来王子より参詣を申し出たけれども、何も琉球の瑕瑾になることではない、との将軍の御意の趣で願いは叶えられなかった。このことは国王にも具体的に説明された

しかし吉宗の琉球使節への対応方針の変化はそれだけではなかった。吉宗は、島津家への拝領米を

一六八二年（天和２・康熙21）の例に戻して三〇〇〇俵から二〇〇〇俵に減額し（「雑録追録」三―一九九八号〈三七二頁〉、同一〇〇〇号〈三七二～三七三頁〉、またこれまで使節召し連れの功によって慣例的となっていた島津家の官位昇進を認めなかった（『琉球使者参府之事』の享保三年の条〈宮城：一九八二年〈二七～二八頁〉〉。これらは島津家にとっては大きな衝撃となったことはまちがいない。

2．日琉関係隠蔽説

琉球でも慣例の変更は当然気になったと思われるが、王府にとって当面の問題関心は間もなくひかえた冊封の儀礼をいかに無事果たすかにあったといってよいであろう。一七一九年六月一日には冊封使海宝（正使）・徐葆光（副使）らを迎え、琉球はその接待に追われることとなった。

ところで、この時の使節来航に際して日本側の対応のあり方に大きな変化があったことが紙屋敦之氏によって指摘されている。すなわち、一六八三年（天和３・康熙22）の尚貞王冊封の時までは島津家の役人・船頭が宝島（度佳喇島）人と偽り中国の冊封使と対面していた。琉球では宝島は日本の属島であるにもかかわらず、琉球が島津氏の侵略を被って以後も通商を続けている島であると冊封使に説明してきた。それが尚敬王の冊封を前にした二月、唐和の使者が対面することが島津家によって禁止され、日琉関係は隠蔽の方向へ動いていく。紙屋氏によればそれは明国に替わって中国の覇権を握った清国と琉球がこれまで通りの朝貢関係を維持する必要から案出されたもので、「中国との朝貢関係の維持こそが、琉球が幕藩体制下に自らを同化されず、『王権』を維持し続けるための拠り所であった」（紙屋：一九九〇年〈二六一・二六四頁〉）というのだ。

こうした紙屋氏の指摘を受けてさらに中国に対する日琉関係隠蔽の意味を我々に明快に示してくれたのは渡辺美季氏である。すなわち渡辺氏は、近世琉球には中国と日本の二つの支配秩序が重層して存在したが、それが比較的安定的に維持された要因として、第一に、幕府の了解の下で清の支配秩序が優先されたため、琉球では両者の決定的な衝突には到らなかった。第二に、両者の間に生み出される微細な矛盾は琉球の国家運営の中で調整されていた。そして第三に、矛盾の回避・調整の中で大きな役割を果たしていた政策が中国に対する琉日関係の隠蔽であった、とする（渡辺：二〇一二年〈二一三〜二一四頁〉）。「そうじて言えば、隠蔽という国家機能は、琉球において重なり合う清日の支配秩序の衝突をより可避的ものとし、清日それぞれに対する壁を形成して琉球が独自の裁量を発揮し得る空間を安定的に供給し、そこで行われる琉球の自律的な国家運営を補完していた」ということになる（渡辺：二〇一二年〈二四五〜二四六頁〉）。

紙屋氏は、一六八三年の段階で日本人（島津家の役人）を宝島人と詐称させていたが、一七一九年主導権をもって日琉関係の隠蔽を実現するにいたったとする（紙屋：一九九〇年〈二六二頁〉）。しかし、私はそれは清国側の反応が読み込まれたからではないかと考える。紙屋氏が拠り所の一つとする史料、すなわち、享保四年の封王使を迎えるにあたって儀礼・交易の統括にあたる島津氏の冠船奉行の問い合わせを想定して、勝連親方（盛祐）ら三司官が前年に琉球仮屋守大脇正兵衛・在番識名（しきな）親方（盛誠）に状況説明を促した「覚」（「琉球御掛衆愚按之覚」）は次のようになっている。

宝島は琉球の手の内（属島）と前代より申し慣わし、唐人どもへもそのように伝聞してきたよしである。これにより天和三亥年封王使渡来の節、冠船奉行の付衆・御在番の付衆・足軽・船頭どもが宝人と称して封王使と対面し、互いに品物の贈答があった。しかしながら右大和衆よりの進物は断り受納しなかった。来年ご渡海の冠船奉行も右の様子についてお聞きになられるであろうから、各まで心得のためその節の日帳抜書を送るので、もしも御尋ねがあったなら、そのように申し上げてもらいたい

この史料に述べられていることは、①以前より宝島は琉球の属島と言いならわされ、中国にもそのように伝わっていた、②これにより、一六八三年封王使が渡来した際、冠船奉行付衆・在番奉行の付衆は足軽・船頭などを召し連れ宝島人と称して封王使と対面し、品物の贈答があった、③しかし、封王使らは右の大和衆よりの進物は断り受納しなかった（「然共、右大和衆より之進物者断被申候而受納無之候」）、以上である。これよりすると、薩摩役人らが進物の遣り取りに積極的であったのに対し、進物を受容しようとしなかったのは冊封使汪楫の側であったことがわかる。汪楫は宝島とは日本であり、対面している者達も薩摩側の役人であること、そして彼らが武力に秀でていたことをも知っていた（「〈七島の内〉ただ宝島のみやや強し。国人皆土喝喇を以て之を呼ぶ。〈中略〉或は曰く。即倭なりと」）。だから警戒心を強くし、進物の遣り取りを拒んだのであった。こうした反応が汲み取られて、一七一九年来琉の冊封使海宝・徐葆光らと島津家役人との接触は避けられたということになろう。以後琉日関係を隠蔽するために、冊封使の来島に際しては琉球駐留の在番奉行らは浦添の城間（ぐすくま）村に身を隠すようになるのはよく知られている。この隠蔽政策は渡辺氏が指摘するように、薩摩藩には自らの指示した隠蔽によって、自らの入り込めない壁を作り、いっぽう琉球には国家運営を安定的に行いうる空間を保障することになった（渡辺：二〇一二年〈二四五頁〉）。その場面についてこの後我々はしばしば遭遇することになる。

3. 内検の意味するもの

このこととあわせて、一七二二年、島津家にとってまた少し気になることが起こった。徳川将軍吉宗は享保改革の一環として同年七月、諸大名に石高一万石につき一〇〇石の米を献上させる代わりに、参勤交代の際の江戸在府期間を半年（従来は一年）とする上米（あげまい）の制を実施した。薩摩藩にも大坂御蔵に納入が命じられ、島津家家中の佐久間九右衛門盛村は、御用番老中の水野和泉守忠之に石高を七二万九、五〇〇石余と申告し、了承された。ところが大坂御蔵奉行よりは、大隅守の上米賦課の基礎算定高は六〇万五、〇〇〇石余で、勘定奉行より指示がなければ過剰の分は受け取れない、ということであった。そこで、佐久真は勘定奉行大久保下野守忠位に対し、九月二九日付で「薩摩藩の高役は琉球高を含む七二万九五〇〇石余に掛かり、猿楽配当米・築地金、または先年の砂揚金・水道出金などまで高役負担をしてきているので、この度の上米は当然上納すべきものと心得て惣高頭を申し上げた次第である。上米は惣高頭に掛けてもらいたい」と訴えている（「雑録追録」三―一四七七号〈五八九頁〉）。これに対して大久保は御用番老中の水野に伺うよう指示し、佐久間は一〇月一日付の訴状を水野に持参している。「雑録追録」はその後の経過を伝える文書を欠くが、間もなく大久保宛に差し出された佐久間の文書の注記に、「右の御書付を大久保下野守に佐久間九右衛門が差し出したところ、明日勘定所へ罷り出るように、御役所において御指図する旨いわれたと、一〇月二一日九右衛門より申し出があった（「右之御書付大久保下野守様江佐久間九右衛門持参差出候處ニ明日御勘定所江可罷出旨被仰聞、於御役所御差図可被成旨承知仕候旨、十月廿一日九右衛門申出候事」〈「雑録追録」三―一四八〇号〈五九〇頁〉〉」とあるところからすると、一〇月二二日に大久保より佐久間の要求通り琉球高を含む領地高に上米賦課が申し渡されたものと推測される。「雑録追録」には一一月七日付の島津継豊（つぐとよ）配下役人宛の上米請取証文があるが、それでは琉球高を含む七二万九、五〇〇石余に掛かる上米高を七二九五石とし、その先納分三、六四七石五斗のうち六一八石五斗を「琉球国高之分」と記している（「雑録追録」三－一四九三号〈五九五～五九六頁〉）。島津側の要求は叶ったわけであった（残りの半分は翌享保八年三月四に納入されている。「雑録追録」三－一五二六号〈六〇六～六〇七頁〉）。島津家側としては上米負担の増加よりも、琉球高がその領知高からはずされてしまった衝撃のほうが大きかったことになる。

一七〇八年（宝永5・康熙47）の猿楽米が琉球高を含む領知高に課されたのに対し、一七二二年の上米賦課対象高から琉球がはずされていたことは、琉球が島津領であることが幕府の役所間で共通の認識になっていなかったことをうかがわせる。猿楽米を課してから一四年も経ち、しかも使節は異国のたたずまいを求められたから、幕府役人の中には独立国と勘違いする者が存在していてもおかしくはない。しかし島津家としてはそうなっては困る。そうした認識が幕府内部に広がれば島津家の琉球支配の根拠は次第に消滅しかねないからである。琉球に幕藩制国家の属領であることを自覚させるうえでも国家的課役は負担してもらわねばならない、島津家としてはそのような考えにたって幕府勘定方に琉球高を含めた総高への上米の賦課を求めたに違いない。

島津家では奇しくも一七二二年一〇月に内検（藩による独自の検地）が実施されている。藩は前回の万治内検より数十年も経つゆえに耕地に親疎が生じ、百姓も困窮におよんでいること理由に内検を実施する旨表明し、家老種子島弾正の名をもって琉球仮屋守に薩摩本領同様に内検を実施することが通告されている（「雑録追録」三－一四八二号〈五九一頁〉、一四八四号〈五九二頁〉）。琉球については実際に竿入れは実施されなかったが高の盛増(もりまし)だけは行われている。先ほどの事件と領内検地が関わっているかどうか明確ではないが、この享保内検が琉球に島津家の属地という認識を新にせしめる意味をもったことは間違いないであろう。琉球では一七二三年(享保8・雍正1)に田場(たば)親方安政、そして翌二四年には野村親方安察を派遣して高の盛増の延期を願っているが、島津側は盛増高を一六三五年(寛永12・崇禎8)盛増高の半分の三、三四六石とし、総高を九万四二三〇石としている(『御使者記』、「雑録追録」三一一七〇三号〈六七五~六七六頁〉)。

上米はその後琉球高を含む七二万九、五〇〇石に課され、内検中の一七二四年九月に半額の三、六四七石の納入が幕府より命じられている(「雑録追録」三一一七〇〇号〈六七五頁〉)。この時、当然盛増高に応じて琉球にも負担がおよぶはずであった。ところが琉球は一七一九年の冠船来航以来物入りが続き、財政的に逼迫していた。そこで冠船受け容れのため島津家から借りうけた銀子が払い終える申年(享保13・雍正6)まで納入免除を願い、許されている(「雑録追録」三一一七〇三号〈六七五~六七六頁〉)。

4. 慣例にこだわる琉球

上米は一七三一年に廃止となり、結局琉球はほとんどその負担を免れることになった。これまでの島津側の配慮に琉球側も感じ入ったのか、この頃琉球が義理堅く島津家への奉公に努めていたことを示す興味深い事実がある。一七三三年、島津継豊は年頭使の御祝物の度が過ぎるといってこれを減らすよう申し渡した。継豊はすでに三〇年に緊縮令を出していたが、翌三一年の江戸大火で桜田藩邸が類焼し、その普請もままならない状況にあった。このため琉球に対して華美な進物を戒めたのである。これに対して琉球は三三年あらために使者（新城親方安房）を遣わし、御祝物は旧例の如く受け取ってもらいたいと願っている。それだけではない。願いが認められると、翌年にまた御礼言上の使者を派遣するという念の入れようである（『御使者記』「世譜」附巻三〈四九頁〉）。

また、一七四五年（延享2・乾隆10）には島津家に献金も行っている。この年二月に島津家では今度は高輪藩邸に火災があり、翌四六年には人別出銀（一匁）・牛馬出銀（一疋につき文銀〔一七三六〈元文元・乾隆元〉から鋳造が始まった銀貨、銀四六％、銅五四％〕二匁）・船出銀（帆一反につき文銀一匁）などを賦課するという財政状態にいたった。このため四五年には尚敬王は加勢米の供出を願い出ている。そして島津継豊が白銀一、〇〇〇枚の献上を許すと、これに対して尚敬王はわざわざ御礼言上のため与那覇親方朝康を使者として立てている（『御使者記』）。

財政的に豊かでない琉球が島津家へ献金を行っているのは驚くべきことであるが、その琉球自体間もなく江戸参府ならびに上国で莫大な財政的手当てを迫られることになった。すなわち一七四五年一一月、吉宗に代わって家重（いえしげ）が将軍職に即き、いっぽう島津家では翌一七四六年一一月、継豊に代わって宗信（むねのぶ）が家督を継いだ。このため遣使の手当をしなければならなくなったのである。将軍家重のもとへの御祝使派遣は幕府との調整もあって四八年（寛延1・乾隆13）のことになるが、島津家へは一七四七年今帰仁王子朝忠が、宗信の家督相続、少将任官、初入部などを祝う使者として立てられている。ここで興味深く思われるのは同船となったと思われる糸満（いとまん）親方朝喬の使者の役目である。『御使者記』によればそれは年頭使ほか①諸御祝儀の使者を今帰仁王子朝忠一人に兼務を許されたことへの御礼、②先に進上物を半減してもらったことに対する御礼、③隅州様（継豊）の御隠居について御披露状をもって御祝儀を申し上げることの願い、④進上物は無用と仰せ渡されたが、先例通り差し上げることの願い、⑤宗信の家督相続およびそれにともなう国王誓詞の免除に対する慶賀・御礼等々である。なお『御使者記』をみると、四八年（寛延1・乾隆13）の年頭使野国親方守理は、重ねて江戸藩邸への進上物・進覧物を半減されたことに対する御礼、去年の分の出米・出銀を差し上げたい旨を歎願する等の役割を奉じていたことがわかる。

こうした使者たちの帯びていた役目をみると、実に些細な案件で使者派遣にこだわり、しかも島津側からの進物・進覧物軽減、出米・出銀免除の提案があったにもかかわらず、前例主義を強固に守っていたことがうかがえる。

さて、その琉球からの将軍家重への御祝使の派遣は先に述べたように四八年のことで、正使は具志川王子朝利、副使は与那原親方良暢がつとめることになった。本来ならば琉球の御祝使は将軍即位の三年目に派遣されるのが慣例であるが、この時は四年目のこととなった。島津家から幕府へ打診があったのは四五年閏一二月四日のことで、継豊は宗信が辰年（一七四八・寛延1・乾隆13）に参府する際召し連れさせるようにしたいとのことであった（「雑録追録」四－一二三一四（の一）号〈八六五頁〉）。参府の年を四八年としたことについて、島津側は「それ以前に使節を差し上せるように仰せ付けられた時、もしも進貢船の帰帆が後れるようなことがあれば将軍家をはじめ諸家への献上物が調わなくなる、またこの度はもはや琉球への便は時期を逸していて来春の便をもって指示するほかないので、四年目の召し連れを願った次第」と述べている（「雑録追録」四－一二三一四（の二）号〈八六五頁〉）。参府が献上物の関係で進貢船の帰帆と深く関わっていたことがわかる。しかし、この寛延元年という年は朝鮮通信使の来航があり、幕府にとっては財政的には過大な負担となった。一七四八年の参府は具志川王子朝利・与那原親方良暢らをもって挙行され、一行九八人はちょうど一年の旅を終えて無事翌一七四九年六月一四日に回国している。ところがその後、島津家・尚家ともに当主が交替するという思いがけない事態に見舞われる。すなわち、宗信は使節一行が琉球に帰着してから間もない七月一〇日死去し、代わって一一月に重年（しげとし）が当主となった。いっぽう尚家では一七五一年一月二九日尚敬王が死去し、尚穆（しょうぼく）王が王位に即いた。

琉球では一七五〇年に鹿児島に年頭使として山内親方盛方を派遣した。遣使の趣は①重年の家督相続・任官の御祝儀、②進上物半減の御礼、③江戸使者帰帆の奉書到来につき、重年よりの御書受け取りのこと、④家督相続にともなう御誓詞免除指示の御請け、⑤加勢米の差し上げ願い、などであった（『御使者記』）。五一年本部（もとぶ）按司朝恒によって尚敬王の死去、尚穆王の即位の報が届けられると、重年は琉球に封王使要請以前に御礼使派遣がこれまでの慣例であると通知するいっぽう、幕閣にたいしては、来る申年（一七五二年・宝暦2・乾隆17）に参府したい旨伺いをたてている（「雑録追録」五―九三七号〈三一六頁〉）。そして予定通りその年、今帰仁王子朝忠（正使）・小波津（こはつ）親方安蔵（副使）らが継目の御礼使として立てられているが、その間に前琉球国王尚敬の死があり、また前将軍徳川吉宗の死（宝暦元年六月二〇日）があって、香奠拝領の御礼使、将軍家・島津家に対する弔問ならびにご機嫌伺いの使などが鹿児島へ立てられている。

以上、一七三〇年代から五〇年にさしかかる頃までの使節派遣についてみると、島津家側の緊縮要求にもかかわらず旧例にこだわり、経済的負担要求にも積極的に応じる様子をみせている。そうした事実は奇異にさえ思われるが、島津家の窮状を汲み、琉球なりの奉公の意を示したということになろう。そこには島津家との関係維持を気遣う琉球の姿がみてとれる。

八　島津重豪と琉球使節

1. 重豪当主となる

島津家の新しい当主の座に就いた重年はまだ二一歳という若さであった。年齢からいえば覇気に満ちた青年を想像してしまうが、現実はそうではなく思いのほか病弱であったようである。家督を継いでから三年目の一七五二年（宝暦2・乾隆17）には病気がちのため国許で翌夏まで湯治につとめたいと幕府に願い、許されているが、容易に江戸を発つことができなかった。そのような病を抱えた重年に、幕府は翌五三年過酷にも木曽三川（木曽川・長良川・揖斐川）治水のための手伝い普請を命じるにいたった。工事費に四〇万両を要し、自害者五一人を出したこの普請は島津家の財政に大きな打撃を与えた。

借金苦と病魔に苛まれた重年は、治水工事の竣工を見届けるかのように一七五五年六月一六日に死去、跡はその長子忠洪（ただひろ）（重豪（しげひで））が継ぐこととなった。当時忠洪はまだ一一歳で、元服の年齢に達していなかったため、祖父の継豊が後見にあたることになった。とはいえ、幕府は島津家を監察の対象にし、幕閣はお目付として京極兵部と青山七右衛門を派遣する旨通告するにおよんだ。これに対し、継豊は有り難き次第としつつもこれを断っている（一〇月）（「雑録追録」五－一七四〇号〈五八六頁〉）。明らかに島津家と幕府との間には気まずい空気が流れていたことがわかるが、島津家が幕府目付の受け容れ拒否の理由を琉球支配とひっかけて申し立てているのが興味深い。すなわち、国家老の鎌田典膳らは江戸の島津主鈴（しゅれい）・伊集院十蔵らに書を宛てて次のように述べている（「雑録追録」五－一七三八号〈五八四～五八五頁〉）。

右の通り奉書をもって（継豊に藩政介助を）申し渡されたうえ、御目付衆が派遣されることになっては隅州様（継豊）の政治向きが不行き届きゆえと琉球では考え違いをし、御威光薄きものと思うやもはかりがたい。そこで老中の堀田相模守様とは深いつながりもあることなので、別紙案文の通りできるならば御書をもってお断り申し上げてもらいたい

すなわち、幕府目付の受け容れは継豊の後見政治の悪さゆえとの印象を琉球に懐かせ、島津家の権威失墜につながるものとして、これを拒む工作を幕閣ならびにその周辺にめぐらしていたことがわかる。島津家が琉球の押さえを楯に幕府の藩政への介入排除に出た一面である。

島津主鈴らは、老中堀田相模守に伺いをたてる前に水野肥前守（大番頭水野忠見か）らに相談したところ、藩主が幼年の国には御目付を派遣するのが御大法で、決定をひるがえすのは困難だということであった（「雑録追録」五－一七三九号〈五八五～五八六頁〉）。水野の言う通りだったようで、「旧記雑録」には一七五五年（宝暦5・乾隆20）一一月二五日付で、目付京極・青山の派遣を伝える酒井左衛門忠寄の文書がある（「雑録追録」五－一七五七・一七五八号〈五九四頁〉）。

一七五八年に元服を迎えた忠洪も、六月将軍家重の偏諱を許されて重豪と改め、従四位下左近衛少将兼薩摩守に叙任された。何かとぎくしゃくしていた島津家・幕府の関係もこの頃修復へ向かっていたことを思わせる。それは間もなくの琉球使節の派遣時期をめぐる交渉にもあらわれている。

忠洪（重豪）元服二年後の一七六〇年五月一三日、家重は将軍職を辞し、九月二日には家治（いえはる）が襲封した。重豪にとっては島津家の権威を示す琉球祝儀使者の派遣の機会が訪れたわけであったが、ただこのたびは思わぬ問題が起こった。翌年の宝暦一一年、重豪は江戸より国元入部のつもりであった。したがって江戸へは二年後の午年（一七六二年）に、琉球使節を引き連れて戻ることが予定された。しかし使節の参府に際しては献上物やそのほか仕度などに唐物を用いるため、まずはその前に進貢使の派遣が必要であった。ところが今年は清国より進貢が免除されていたため献上物の調達はのぞめなかった。そのことはすでに前年の宝暦九年に島津家に報告があり、同家より幕府にも報告されていた。したがって来々午年に進貢使を派遣して献上物を確保し、帰着は翌未年（一七六三年）のこととなるので、六二年の同伴参府は困難である。そこで来年（一七六一年）御暇を下されば参府順年にあたる申年（一七六四年）に参府の積もりなのでその時に召し連れたい、と重豪は幕府に願い、認められている（「雑録追録」五－二四五七・二四五八・二四五九・二五六〇号〈八一二～八一四頁〉）。

ここまではことは順調にすすんだ。ところがこの頃重豪は「寒湿之御痛（かんしつのおいたみ）」を煩っていて、一七六三年の冬は特にひどく、寒中での長旅は困難な状況になっていた。そこで高橋此面（種壽）・鎌田蔵人・川田伊織・菱刈藤馬・島津左中・島津杢ら国家老は重豪の指示を受け、この年一二月一五日付で島津山城・島津主鈴ら江戸詰め家老に書を宛、「琉球人を召し連れての参府は難儀のうえ、江戸で万一お勤めの最中に痛みが起こり、それが果たせなくなれば残念なことになる」として、重豪は来春に発駕し、琉球使節は秋に後から出立させてもらうよう幕府との交渉を依頼した（「雑録追録」五－二八五六号〈九九七頁〉）。厳密にいえば、これでは島津家の当主が琉球人を召し連れたことにはならない。が、しかし、前例がないわけではなかった。光久が藩主の代に二度あった。まず一六四九年（慶安２・順治６）中山王尚質の継ぎ目御礼の使者が参府の時、島津家当主久光は正月に鹿児島を発足し、琉球の使者は家臣に引き連れさせ、後から出発させていた。この時は参勤を重視したのである。また一六五三年（承応2・順治10）の場合は家綱の将軍襲封を祝うため鹿児島にあった北谷王子朝秀が急死し、代わりの使者国頭王子正則の到着が遅れたため、光久はやむなく一六五三年四月に鹿児島を出発、国頭はひと月後れて五月に島津家中伊集院源助久朝に伴われての出立となったのである。

重豪は一二月付の江戸家老宛と思われる書状で右の例をあげ、「以前からの古い決まりを知っている琉球人共は私を不快に思い、不満を懐くであろうが、この節は痛みを抱えているため止むをえず家来を付して差し上せる、以後の常例となることは無い旨申し聞かし、納得させるつもりである」、と述べて幕府との交渉を指示している（「雑録追録」五－二八五五号〈九九六〜九九七頁〉）。琉球側からの不満を気遣っているのは、老中井上河内守から一七一八年（享保3・康熙57）に家老の警固でよいかどうか琉球側に打診したところ、琉球側より納得できないとの申し立てがあった、との情報があったからであろう（「享保三年井上河内守様より琉球人被召列不及、御家老共警固ニ而可相済哉と御尋之趣有之候處、琉球人者専先格を堅相守候付、得心不仕段被仰立候儀有之由、御右筆共覚居候人有之」）（「雑録追録」五－二八五六号〈九九七頁〉）。こうしたことからすると、琉球側も島津家当主に伴われることにこだわっていたわけで、参府の政治的利用は単に島津家・将軍家だけのものではなかったことになる。

ただここで引っかかってくるのは、やはり家中に率いられての使節の参府が重豪の功績としてカウントされ、官位昇進につながるかどうかということであった。この点について重豪は、「家老や老中の間で任官のことについていろいろ思いがあり、幕府でも自分の功績の薄さが取り沙汰されているようだが、官位昇進は中山王（琉球国王）の自分継目の御礼の時はない。公儀の代替わりの時の召し連れにそれはあるのが先例であるので、後（秋）の出府がよいというのであろう。しかし万が一任官に差し支えがあってもまだ若いので先々任官もあろう」と、少しも官位昇進に頓着をみせなかったという（「雑録追録」五－二八五六号〈九九七～九九八頁〉）。

2．使者の兼務制へ

こうした重豪の思い切りもあって、その発駕は一七六四年（宝暦14〈明和1〉乾隆29）春、琉球使節の出発はその年の秋とすることが幕府よりも認められた。ところが、この頃琉球王府財政はそうした使節派遣を容易に実現できる状態にはなかった。手がかりを与えてくれるのは、一七六三年一月一四日付で琉球仮屋守の久留助右衛門、琉球在番の浜川親方が島津家あてに差し出した歎願文である。それは前部分を欠くが、進物用の宮古・八重山上布の生産が間に合わないことについて述べ、加えて次のように財政窮迫の事情に触れている（『那覇市史　資料編　第1巻11』、Ⅶ、「26　琉球仮屋文書案文」－1〈五二三頁〉）。

辰（一七六〇・宝暦10・乾隆25）・巳（一七六一年）渡唐船の派遣が途絶えたため唐物が払底し、そのうえ中断の前年（一七五九年）清国で唐反物の外国商売が禁止されたため、その買い渡り量が格別に減少となった。また去年（一七六二年）の夏は渡唐船の遭難により献上品を失ってしまった。琉球は近年冠船渡来または二度の江戸立、そのほか種々の物入りが打ち続いて国中が疲弊しているところへ去年船々の遭難などがあって一層窮迫しているこれによると、急速な財政窮迫は渡唐船の派遣中断、清国による反物輸出の禁止、渡唐船の遭難など進貢貿易事情の悪化、それに清国冊封使の接待、二度の相次ぐ「江戸立」（一七四八〈寛延1・乾隆13〉・一七五二〈宝暦2・乾隆17〉）など、大きな儀礼が相次いだことが背景になっていたことがわかる。このため琉球王府では一七六二年（宝暦12・乾隆27）から一七六四年まで「江戸立」の使者が済むまでの間、御物砂糖（御用砂糖）を二～三艘向きの出荷後、琉球砂糖を瀬戸内または上方表へ積み出すことを願い、一七六二年五月、「月限お構いなし」とする配慮のもと出荷が認められている（前掲、「26　琉球仮屋文書案文」－6〈五二五～五二六頁〉、『御使者記』）。しかし月限は問わないとはいっても島津家の御用砂糖の値崩れを避けるため琉球砂糖の同時出荷は認められていなかったから、王府は独自の価格決定権をもっていなかったことになる。ここに島津家による琉球に対する植民地的支配の一面が表れていたといえる。

特産物の流通が島津家の厳しい管理のもとに置かれながら、夥しい使者派遣の儀礼をこなさなければならないとなれば、そこに矛盾が生じるのは必然であった。これまでの慣例からいって、この一七六三年という年も様々な名目の使節派遣案件が予定されていた。まず、夏には重豪の婚儀を祝う使者派遣がひかえていた。ついで楷船（ジャンク型の運送船）が土佐に漂着し、その帰還交渉で重豪の手を煩わせたのでその御礼使を立てねばならなかった。しかしその費用の目途がつかないため琉球仮屋守久留助右衛門、在番浜川親方らは、重豪の婚礼を祝う使者としてすでに上国が予定されている王子使者に兼務させ、土佐漂着船一件の御礼使としての親雲上使者も、赴任予定の琉球仮屋の在番親方に兼務させてくれるよう島津家に願い出たのである。上国予定の王子使者とは豊見城王子朝儀のことで、将軍家治に長男徳川家基と次男貞次郎が誕生した祝意を重豪に転達してもらうことになっていた。その朝儀に兼務させてもらいたいというのである。いっぽう土佐漂着船一件の御礼使を兼務させようとした在番親方とは、浜川親方の跡を継いだ宜野湾親方朝昌であった。これら使者の兼務願いを島津家は認めており、宜野湾にいたっては本来の年頭使の役目のほか靈龍院（吉貴正室）の二五回忌の進香、土佐漂着の楷船ならびに五島漂着の伊平屋島船の帰還交渉の御礼使を兼務することになった（前掲、「26　琉球仮屋文書案文」－1〈五二三頁〉、『御使者記』）これまでも使者の兼務はなかったわけではないが、費用節減の観点から案件ごとに使者を立てることをせず、兼務をもって費用節減をはかろうとしているのは注目すべき傾向といえる。

同じ一七六三年一〇月二〇日、久留助右衛門と在番の宜野湾親方は徳川家治の若君誕生（前述）、二女万寿姫誕生の祝使への拝領物下賜に対する謝恩使についても兼務を求めている。両人によれば先例は次のごとくであった。一七一〇年（宝永7・康熙49）と一四年（正徳4・康熙53）の将軍代替わりならびに中山王の自分継目の時、慶賀・御礼の両使は一緒に参府し、これに対して拝領物があった場合は、明くる年に書をもって謝意を表することが行われ、鹿児島まではあるが幕府に親方使者が、島津家にはまた別に使者が立てられた。慣例からすればこのたびも拝領物があれば将軍と重豪あてに御礼使を立てねばならなかった。しかし王府は琉球仮屋の久留と宜野湾を通じて、新たな御礼使の派遣をやめて在番に兼務させてもらいたい、と訴えたのである。これについても家老の島津此面は翌年二月、その通りに琉球へ達するよう指示している（前掲、「26　琉球仮屋文書案文」－4〈五二四～五二五頁〉）。

3．重豪の官位叙任

琉球王府ではこうした使者兼務制によって経費節減をはかりながら、いっぽうでは島津家を通して販売した唐物、砂糖など特産品の代金の精算を願い、財政健全化の途をまさぐる。すなわち明和元（一七六四・乾隆29）申六月一〇日付「口上覚」をもって次のように訴えている（前掲、「26　琉球仮屋文書案文」－5〈五二五頁〉）。

①当年（一七六四）、江戸へ使者が罷り登るにつき、入用銀の出方を去る巳年（一七六一・宝暦11・乾隆26）以来琉球において吟味したところ、近年両度の江戸立に引き続いて冠船の渡来があって格別の物入りが打ち続いた。にもかかわらず仮屋の諸払い物が値下がりし、蔵方の取り計らいだけでは弁じ難く、やむなく国中に加勢を申し付けたうえ、借債をつのったけれども不足となった

②琉球仮屋においては渡唐銀吹替料ならびに借銀利払いのほか、定式払い方は唐物代だけでは年々不足をきたしている

③（島津家も）財政逼迫の折り柄、拝借の願いを申し上げるのは恐れ多い。願わくば去る寅年（一七五八・宝暦8・乾隆23）以来上納した糸・反布そのほか諸品物代をなにとぞ渡してもらいたい。それで江戸立かたの手当を首尾良く果したい

この訴えに対し、島津家では「去る子年〈一七五六・宝暦6・乾隆21〉より卯年〈一七五九・宝暦9・乾隆24〉までの四ヶ年分、ならびに残っている返上物、二番方売り上げ糸・反物代の内渡しをし、差し引き勘定のうえ、銀高七二貫五〇〇目余の返上を申し付ける」としている。ここでの返上物とは生糸・反物・薬種などの唐物のうち、島津家出資の渡唐銀による買い物をいい、一番方ともいう。これに対して琉球王府の買い物を二番

方という。島津家ではまだ清算の済んでない一七五六年から五九年までの四ヶ年分について、同家の出資分ならびに琉球への貸し付け分を唐物売上高から差し引き勘定をしたところ、銀高七二貫五〇〇目の返上分が出たようで、その分だけ返えさせ、残りをその年の冬に琉球に支払うことにしたことがうかがえる。島津家を通じた唐物・砂糖などを販売することで成立していた遣使儀礼は、島津家の利益第一主義が昂じれば王府財政を窮迫に追い込み、維持できなくなるという矛盾をはらんでいたことになる。

さて、財政的に心許ないなかで、重豪とは別に八月二三日に鹿児島を発った将軍家治襲封慶賀の使者読谷山王子朝恒・湧川(わくがわ)親方朝喬ら九六人は、一一月九日に江戸へ到着した。

するとそれを待っていたかのように、将軍は一一月一三日、重豪を白書院に呼び老中松平輝高(てるたか)らをして、賜物とともに従四位上中将の官位を与えしめた（「雑録追録」六―一一一・一一五号〈二九～三〇頁〉）。この度は琉球使節をともなっての江戸入りではなかったため官位の叙任は諦めていたところであったが、思いがけない処遇に重豪の喜びは一入であった。報せをうけた島津主鈴・樺山左京・島津山城ら国許家老は、閏十二月十四日付で島津左中・高橋此面ら江戸家老に、「後年の先例にかかわることであるので、ここで書き留め、かつ御家譜の編集方にも書き抜きを渡すので、お城坊主の書き出しに間違いがないか確かめるように」と書き送っている（「雑録追録」六―一四二号〈四二～四三頁〉）。そこで島津左中らは御留守居を通じて「去方」に聞き合わせたところ、「痛所を抱えていたため先に参府しただけで、家来の警固によるものであっても召し連れ同前であるため、官位昇進を申し渡されたものである」とのことであった。喜びを隠しきれなかった江戸家老の左中らも、重ねて「右の趣を書留め置き、御記録奉行にも申し伝えるように」と返書に認めている（「雑録追録」六―一四三号〈四三頁〉）。こうして慣例に違うことなく官位昇進を果たすことができたことは、重豪にとっては琉球の御祝使参府は上首尾となったといえる。

琉球にとっては海難の事故にも遭わず無事帰国できたことは、これまた上首尾であったことになるが、しかし琉球の場合、帰国すれば終わりというわけではなかった。幕府より労をねぎらう奉書が鹿児島に届くのでこれを受け取らねばならない。ここでは、年頭使の座喜味親方盛長がその役を担った（翌明和三年五月鹿児島にて病死）。重豪の官位昇進も使節召し連れの場での出来事であったから、正式に機会を設けて祝意を表する必要がある。これには東風平按司朝宜があてられた。またほかに、無事参府を終え帰帆できたことに対する島津家への御礼使が、さらに幕府にも厚き処遇を謝した書の転達を願う使者（禰覇親方盛征）がたてられた（『御使者記』）。こうした使者が送られて参府一件ははじめて完結となったのである。

4. 琉球支配の威勢

なお、この後将軍のもとへの使者としては一般には一七九〇年（寛政2・乾隆55）の家斉即位の御祝使派遣が知られているところである。一七六四年（明和1・乾隆29）の家治の将軍即位御祝使派遣から数えて実に二六年目にあたる。この事実だけに着目すると、この間徳川家と尚家との関係はきわめて薄いものとなり、島津氏の琉球支配の事実なども幕府では忘れられてしまったのではと想像してしまう。しかし実際は必ずしもそうでもない。一七七六年（安永5・乾隆41）重豪の三女茂姫（広大院）が四歳で一橋治済の長男豊千代と婚約、その豊千代が一七八一年（天明1・乾隆46）閏五月、将軍家治の養子となったことで幕府の目が琉球にまで届くようになり、また重豪自身が琉球支配を表に出して政治的に利用する傾向が強くみられる。

まず豊千代が将軍家治の養子となると、重豪は琉球に御祝使の派遣を求め、これを受けて王府では豊千代を若君様、茂姫を御縁女様と奉称し、御祝使としてそれぞれ浦添王子朝央と義村(よしむら)王子朝宜を鹿児島まで送っている(『御使者記』)。いっぽう将軍はこれに応えて中山王へ白銀一〇〇枚・綿一〇〇把、使者の浦添王子に白銀五〇枚を下賜し(一七八二年一二月)、また大納言(豊千代)も中山王あて白銀一〇〇枚・綿二〇〇把、浦添王子には白銀二〇枚を贈っている(「雑録追録」六―一九二三号〈六八二頁〉)。こうした白銀・綿などの下賜に対して、薩摩守(重豪)は琉球中山王に御礼の書翰を帯びた使者を鹿児島まで差し遣わすようながし(「雑録追録」六―一九二四号〈六八三頁〉)、また尚穆王はこれを受けて、翌八三年鹿児島まで将軍と重豪への御礼使を仕立てている(『御使者記』)。

白銀賜与等に対する謝意を表した書を携えた御礼使野里(のざと)親方安在は、前年の浦添王子の派遣の時は緞子三〇巻が献品できなかったため、それも携えての上国であった。将軍あての書状とその緞子は、重豪の書を添えて新番野元源右衛門盛昌らに託され、江戸に送られた(「世譜」附巻四〈七〇頁〉、「雑録追録」六―一九七九号〈七〇二～七〇三頁〉)。

島津家としては、琉球をこうした将軍家との物の遣り取りに持ち込んだことで、琉球に島津家と統一権力との関係を認識させることにつながり、いっぽう幕府には異国を領する島津家の特異な位置を認識させることになったことはいうまでもない。そのことを窺わせるような例を一つあげよう。

豊千代が将軍家治の養子となって間もない一七八三年九月、島津重豪は暇をもらって国許に帰ることになり、江戸を発った。ところが持病で体が痛んだため、留守居付役桑山甚助に対し、道中の通行がスムースに行くための触れを出してくれるよう道中奉行大屋遠江守明董との交渉方を命じた。道中については道中掛勘定組頭衆ならびに御勘定の構うところであったので、大屋は彼らと交渉におよんだ。しかし御勘定組頭らは、「人馬継ぎ立て方については以前から規程があり、それを簡単に変えることは出来ないが、御老中の御内沙汰があれば変更の余地がある」と内密に教えてくれた。時の御用番老中は松平周防守（康福）だったので、島津家留守居の桑山は側用人市田勘解由貞英、周防守の家来味岡八郎兵衛を通じて相談した。すると周防守よりは「道中筋については御規程があるので一通りでは済まないが、よんどころない趣なので、それについて口上書に認めて側用人に差し出すように」との指示を与えられた（「雑録追録」六－一九八四号〈七〇四～七〇五頁〉）。そこで桑山らは早速次のような趣旨の「口達之覚」を作成し、提出におよんでいる（「雑録追録」六－一九八二号〈七〇三～七〇四頁〉）。

口達之覚

①当春例年の通り国元へ御暇を許されたが、痛所があって当秋中まで滞府を御願いし、この度当地を発足した

②しかしながら、来る二月の参府ということでは国元へは僅かばかりの日数を留まることになる。旅中も急ぎの旅となり、とりわけ遠国なので道中筋の駅々の雇い人馬などの継ぎ立て方、ならびに川々で少しずつ通行が滞り、長旅ゆえ自然と延着になる

③特にこの度は右のように在国の日数もないはずなので、領内の政務筋その他かれこれの用向きなども処理しかね、万端不行き届きのことばかりのこととなるであろう。特に琉球国は異国のことゆえ何かと気苦労が多い

④病後は足が痛く、数日乗輿することになって難儀をしている。そこでなるべくならば、道中筋の雇い人馬等にいたっては滞ること無きように、道中奉行より宿々へお声掛け下さるよう願いたい

すなわち、重豪はこの年の春に御暇が許されたが、持病の痛みがあって秋の帰国を特別に認めてもらった。ところが年が明けて一七八四年の二月にはすぐにまた琉球人を伴って参府しなければならず、国許への滞在はわずかの日数となる。そこで道中奉行に病の身での遠国への往返であることを理由に、道中筋の雇い人馬の継ぎ立て、川の渡しが少しでも円滑に運ぶように配慮を願った。これを受けて老中の松平周防守より道中奉行大屋遠江守明董へ指示が出され、重豪の通行には特別に配慮が加えられることになったのである。

重豪が参府時期の変更を認められ、また通行規程の適用を免れたのはいうまでもなく世継ぎの外父としての立場が考慮されたからである。島津家留守居渋谷五郎右衛門が国家老衆宛のものかと思われる九月一四日付の書状で、「これまでほかの大名のために右のような御触達などが出されたことはない。重豪侯の御威勢ゆえの取扱いで、今後も申し上げられるようなことではない」（「是迄外大名様方江右式之御触達等一向無之、誠ニ新規之儀ニ而、畢竟当分之御威勢故ニ右通之御取扱為有之筈之事故、此涯以来之儀迄難申上御座候」）（「雑録追録」六－一九八四号〈七〇五頁〉）と述べている。先の「口達之覚」では重豪がそうした自らの威勢をひけらかすような文言はみえないが、③で示されるように、参勤交代の道中で特別の配慮を受ける理由の一つに薩摩・大隅・日向三国のみならず、琉球国という異国の国主としての気苦労をあげている点に注目したい（「雑録追録」六－一九八二号〈七〇三～七〇四頁〉）。

私は、重豪は島津家の琉球侵攻後の歴代藩主の中でも琉球支配に最も心を砕いた人物だと思っている。「世

譜」附巻にはないが、『御使者記』をみると、一七八四年に将軍家より拝領の鷹が初狩で捉えた雁が献上されたことに対し、琉球から御祝儀の使者（渡嘉敷親方盛憲）が派遣された記録がみえる。些細な記録であるが、それは幕府と島津家との関係を認識させる意味をもったことからすれば簡単に見過ごすことはできない。このあと琉球が飢饉に見舞われると（琉球も天明四、五年と凶作となり諸士・百姓ともに困窮し、年貢米は滞り、琉球館〈仮屋〉の借銀高は八〇〇〇貫目におよんだ（「琉球館文書」九四号〈七八～七九頁〉）、重豪は幕府に米一万石と金一万両を一〇ヶ年賦返済という条件で供出させ、琉球よりは期待通り幕府と自らのもとへ御礼使の派遣を実現させているのも（『御使者記』、「琉球館文書」六〇号〈五三頁〉）。琉球支配に政治的意義を見出していたからであろう。重豪は琉球をも取り込んで幕府との関係をより強固なものにしようとした。徳川将軍の徳を認識させる機会をできるだけ多く設定し、琉球がはぐれないようにしたといえる。そうした重豪の琉球支配に対する関心は、琉球使節の収容施設である琉球仮屋の整備にも表れている。以下ではその点について触れてみたい。

九　「琉球仮屋」から「琉球館」へ

1．琉球人と薩摩人との交流規制

一六六〇年代にひとまず整備をみた琉球仮屋も、その後場所を変えることになったらしい。一六九六年（元禄9・康熙35）鹿児島城下は火災に見舞われ、「琉球仮屋」も焼失しているが、この頃鹿児島城の南側から鹿児島湾に近接した北側に移転していたものとみられている（深瀬：二〇〇二年）。類焼後、「仮屋」は新築されたのであろうが、それから七〇数年を経て修築の時を迎えたようである。一七七一年（明和8・乾隆36）、二年後に世子尚哲（しょうてつ）（尚穆（しょうぼく）王長子）の鹿児島上国をひかえ、古くなった建物の増改築がなされている（『球陽』附巻三－一二五号〈七一七頁〉）。すなわち各門・諸館・府庫などの増改築が手がけられたほか、新たに東屋を設け、三面を囲い石の屏で囲み、水路を整えたというから、この時に「琉球仮屋」は大きく整備をみたといってよいであろう。「琉球仮屋」はこののち、一七八四年（天明4・乾隆49）に「琉球館」と呼び方を変え、「琉球仮屋守」も「琉球館聞役」と改められることになった（『球陽』附巻三－一四三号〈七一九頁〉、「列朝制度」巻之一三－七八一号〈三八九頁〉）。

この頃の琉球館には一〇〇人前後の琉球人が常駐した。幕末期には敷地面積は三五九九坪におよび（「天保年間鹿児島城下絵図」〈深瀬：二〇〇二年〉）、東側の都城島津家に面した正門の両側には琉球館を示す三角旗が立てられていた。『薩摩風土記』の著者はこれを「風しるしなり」と記している。門前の旗で風見をし、琉球船の出入りに備えをしていたのであろう。

さて、多くの琉球人が館内に詰めるようになると、島津家の役人や鹿児島城下の町人との交流が深まっていったのは自然であった。このため、藩では治安上の問題から対応を迫られていったようである。一七七二年一月九日付の文書は、琉球人に対する稽古指南のための者は立ち入りを許すが、琉球人と会話を志す者については、「仮屋守」が規制するように、と通達している（「列朝制度」巻之一三－七八八号〈三九七頁〉）。一七八三年に鹿児島を訪れた備中出身の地理学者古川古松軒（ふるかわこしょうけん）は「琉球館を一見してみると、門番がいて内に入ることを禁じている」「およそ（琉球人）百人ばかりは鹿子島に渡って琉球の産物を売買し、または交易している」（『西遊雑記』巻之四）と述べているが、藩の規制がこの頃強化の方向に動き出していたのは事実であろう。古川の紀行記で興味深く思われる「琉球仮屋」を「琉球館」と記していることである。すでに述べたように「琉球仮屋」を「琉球館」に改めるのは天明四年（一七八四・乾隆49）とされるが、古川の天明三年の記述は「琉球館」の呼称がすでに一般に流布していたことを示しているのかもしれない。

一七八四年に「琉球仮屋」が正式に「琉球館」に改められた後、一七八六年一二月九日付けで次のような文書（「列朝制度」巻之一三－七八六号〈三九六頁〉）が発せられている。

①一　琉球人は御領内の者とはいえ、異国人であるという事情もあり、よって掛のほか応対は認められてこなかったが、間にはとりたててその区別をしない向きもあるやに聞こえる。廻勤そのほか定められた役務以外で私的に招いたり、または脇方で出会することはこれまでにも増して差し止める書通などのことも勤め向きに関すること以外は、止む得ない場合でも交わしてはならない

②一　旅行の節、旅宿または船々においても同断のこと

③一　廻勤などの節は、口上そのほかすべて通詞をもって相伝えるべきこと

天明六午十二月九日　　安房

琉球人は領内の者とはいえ、異国人ということもあって、特定の掛以外の者が応対することは認められなかったが、忽(ゆるが)せになっているので、今後は藩役人が役目の筋以外で勝手に自宅に招いたり、脇方で出会うことを禁ずる、書通なども勤め向きに関すること以外は交わしてはならない（一条目）、それは旅行の際の旅宿、または船中でも同様だとする（二条目）。さらに掛役人が廻勤の際の口上は通詞をもって伝えるように（三条目）、と通告しているのである。この通詞の一件については、翌一七八七年二月にも同様に家老島津安房の名で触れられていて、それでは「琉球人については、これまで通詞を添えることもあればそうでないこともあって、『不同』であった。しかし、今後は殿中向き（公的な場）はもちろん、「脇方」（非公的な場）においても通詞を添えること」と述べられている（「琉球館文書」六三号〈五四頁〉）。

こうして一連の史料をみてくると、一八世紀の末期を迎えて、薩摩藩が琉球人を異国人としての位置を明確にしようとしていることは明白であろう。「琉球仮屋」を「琉球館」と唱えることにこだわりをみせるようになったのも、琉球館を長崎の唐館（唐人屋敷）と同様に異国人居留地としての位置を明確化するねらいがあったものと思われる。その背景には、これまでみてきた史料の端々からうかがえるように、「琉球仮屋」が琉球人と藩役人や町人が自由に交流する場となり、あるいは南島の物産の流通の拠点としての機能を強く

するなかで、琉球に対する支配秩序が揺るぎかねない状況が生まれてきていたことが考えられる。

2．諸規制と撤廃要求

とはいえ、琉球の従属的位置にあることの自覚化を促す政策は、琉球にとっては違和感をもって迎えられたことは当然であった。一七八六年（天明6・乾隆51）一二月九日付の文書についで、翌一七八七年二月に通詞の一件に関する文書が発せられると、琉球側では、まず二月二三日付で、「琉球館にはもとより通詞という者は置かれていなかった。ただ江戸立の時には琉球人の内より勤めてきたので、（このたびも）同様に琉球人の中から申し付けてもらいたい」（「琉球館文書」六三号〈五四頁〉）と、受け容れられるはずもない琉球人よりの通詞任用を主張して、暗に通詞設置案を撤回に追い込もうとしている。そして五月一一日には、「徘徊（はいかい）」「書通（しょつう）」の制限について、伊江親方朝慶（向天迪）ら三司官の名で、「琉球では往古は辞儀作法なども知らなかったが、島津家へ朝見するようになってから、使者の面々を通じて大和の風儀になじむようになった、事は国風の善非に関わる」（「琉球館文書」六六号〈五六頁〉）、として、これまで通り琉球人が方々へ出かけたり、藩士と自由に書を交わしたりすることを認めてもらいたい、と訴えている。琉球自らが夷と認め、開化へ導いた島津家の恩恵を説いての規制撤回要求である。

ここに琉球自体が王化思想をもって日本への朝見を納得あるものに仕立てていたことに注目したいが、しかし、島津家の徳に浴する機会をという論理よりも現実のほうが重視された。七月には、島津家は琉球人が出かけることができる「脇徘徊」の範囲について、次のように定めるにいたっている。すなわち、①太守御上下の節、西田町に罷り出ること、②二月三日の初市見物、③吉野御関狩ならびに馬追に行くこと、④六月一五日の祇園祭礼見物、⑤七月在踊りならびに町踊り見物、⑥同月の諏訪神事ならびに頭屋への参詣、⑦頭屋での神事能の見物、⑧流鏑馬見物、⑨稽古能見物、などである（「列朝制度」巻一三-七八五号〈三九六頁〉）。ただし、右の場所等においても他人と交わりを禁じた定めを忽せにしないこと、右以外の諸所への見物はあらためて願い出、許可が下り次第出かけるように、と島津家の琉球掛を通じて琉球側に通達におよんでいる。そして、些細のことかもしれないが、さらにこの年の一〇月二八日、以後琉球館への使者は「上使」と唱え、書付などにもそのように書き認めるよう触れられていること（「列朝制度」巻一三-七七九号〈三八八頁〉）も気になるところである。島津家当主の上意を伝える使者を「上使」と称するようにしたのも、琉球との上下関係を強調するところにねらいがあったとみてよいのではあるまいか。

琉球人の徘徊範囲が具体的に定められるにおよんで、館内駐留の琉球人の窮屈さが増したことが思いやられるが、琉球側の抵抗もあって藩の政策は思うようにその実をあげえていなかったことが、一七九〇年（寛政2・乾隆55）に出された「琉球法度」（「列朝制度」巻一三-七八四号〈三九五～三九六頁〉）の次の一条からうかがい知れる。

一　琉球館内への諸人の出入り一件については、以前より禁止してきた。なおまた、去る午年（一七八六）に定められた以外の場（一七八七年七月に脇徘徊として認可した以外の場のことか）に出入りすることを固く差し止めた。すなわち、琉球人の廻勤または定められた役目筋以外で諸家へ出かけ、意味のない集会に参じ、あるいは軽き者共が無用の徘徊をすることを禁じた。また用向きについては、かねてより出入りの者たちへ館内において相談し、用向きを処理するよう通達した。書通についても色々申し渡すところがあった。しかし、この頃次第に忽せになっているとのよしで、きわめて残念である。以後前条申し渡しの趣旨を厳重に守り、とくに館内の出入りなど一切しないように。もし内々にも館内への出入りについて聞き及んだならば処罰する。当年は江戸立のこともあるので、条文の趣旨の徹底をはかること

すなわち、この通達をみると、諸規制を打ち出した当初はそれは遵守されたかのように見えたが、わずか四年後の一七九〇年（寛政2・乾隆55）には骨抜きになっていた。そこで島津家では、徳川家斉の将軍襲職の慶賀使派遣を目前にして、この年あらためて趣旨の徹底をうながしている。特に禁じたのは無用な者の琉球館内への立ち入りで、違背者は処罰の対象とすることを明らかにしているのである。一七九八年（寛政10・嘉慶3）にも、「琉球人が外に宿所を設け、あるいは止宿している者もいるやに聞こえる、きつく糾明するように」と、琉球館は通達を受けている。これに対して、琉球館は、「館内の者については、一切そういうことはない、他国人の館内出入りもない。琉人は名札を提示し、門番に断りをいれて外出し、四つ時（午後一〇時ごろ）を限って帰るようにしているので、他に一宿するようなことはない」（「琉球館文書」一三二号〈一〇三〜一〇四頁〉）と返答におよんでいる。しかし琉球人の心情からすると、藩の定めた諸規制の遵守が長く続いたとは思えない。

＊本章は二〇一八年、神奈川大学日本常民文化研究所非文字資料研究センター研究成果報告書『日本近世生活絵引　南九州

編』解題と考察の拙稿「鹿児島城下の琉球館」に一部字句の修正を加えたものである。

一〇　輻輳する使者派遣儀礼

1．使者の兼務制と献上物の軽減

これまで島津家・将軍家に律儀に使者を派遣し、両者との関係を維持してきた琉球であったが、一七七四年（安永3・乾隆39）の中城王子尚哲（尚穆王世子）の上国あたりから財政の悪化が顕著になり、慣例通りの使者派遣も容易ではなくなりはじめていた。そこへ天明の飢饉が打撃をもたらし、借銀・借米は急速に膨らんだ。この頃の琉球王府の基本的財源はいうまでもなく砂糖である。販売に供される鹿児島琉球館届砂糖は一〇七万斤、銀高にすると七二九貫目になったが、借銀の利息を払ってしまうとほとんど銀は手許に残らない。年間の入費を賄うために年々六〇〇貫目ずつを借り嵩むありさまであった（「琉球館文書」九二号〈七六～七七頁〉）。

ただし、そうした財政事情のもとで使者派遣の合理化は一層進んだかといえば決してそうではない。すでに述べたように一七六五年（明和2・乾隆30）以降年頭使による使者兼任制が一時とられたが、それは持続されずむしろ先例に戻る傾向さえうかがえる。すなわち、年頭使という単独の任務か、それ以外に一、二の役務を兼ねるに過ぎなくなっている。これが島津家の指示によるものか、琉球側の自主的な判断によるものかはっきりしない。ただ当時の緊縮財政志向の島津家が旧に戻すことを指示したとは考えにくい。

島津重豪は一七八七年（天明7・乾隆52）に隠居し、長子斉宣（なりのぶ）に家督を譲った。しかし斉宣は元服を済ませたばかりであったので、一七九〇年（寛政2・乾隆55）まで重豪が藩政を介助することになった。斉宣は家督を継いで間もなく八八年には、飢饉の中で幕府より金二〇万両の上納、および火災を被った禁裏・二条城の手伝い普請を命じられた。このため、重豪後見のもと、万端にわたって省略を命じている（『鹿児島県史』第二巻〈二三八～二三九頁〉）。その一環であろう、八九年以降再び年頭使者の使者兼務の方向がみられる。たとえば八九年派遣の年頭使永山親方盛勝は、①幕府への上納金のため領内へ重出銀賦課のところ琉球へは免除につき御礼、②伺い通り清国への謝恩使派遣が認められたことの御礼、③浄信院（重豪二女）、一周忌（一七八八年死去）一周忌につき香奠献納、④嶺松院（七代当主重年生母）一周忌（一七八八年死去）につき香奠献納、などを兼ねている（『御使者記』、「世譜」附巻四〈七四頁〉）。

ちなみにこれら遣使の案件をみると、①では琉球は疲弊から重出銀の賦課を免除されたことがわかる。また②をみると、中国への遣使は島津家へ許可を得て行われていたことがここでもうかがえる。③④は島津家の法事には欠かさず使者を送るのを慣例とし、それは頻度からしても琉球にとっては大きな負担となっていたことを想定せしめる。

この年はほかに斉宣の初入部の祝い（小禄按司朝紀）、接貢船が難破し、銀流失につき報告（宜寿次親方朝得）、「唐之首尾御使者」（伊舎堂親雲上盛峯）、浄信院卒去につき重豪・斉宣へのご機嫌伺いならびに御香奠献納などの案件で伊佐親雲上朝寛の遣使がなされている（『御使者記』、「世譜」附巻四〈七四頁〉）。接貢船の難破による買い物銀の流失は王府財政に一層打撃を与えたに違いないであろうが、そうしたなかで重豪二女浄信院の死去には伊佐親雲上の香奠献納がなされ、その一周忌には永山親方に香奠献納をさせることも忘れていない。島津家の慶弔事には特に心配りがなされていることがわかる。

一七九〇年は家斉の将軍襲職を祝う使者として宜野湾王子朝陽が正使に立てられ、副使は琉球の財政事情から年頭使の在番親方の幸地(こうち)親方良篤が兼務することとなった(『御使者記』、「世譜」附巻四〈七四頁〉)。「琉球館文書」によると、その年の一二月までの琉球館の借銀高は六九二四貫目余で、部銀(利息)は四九八貫目余におよび、その支払いさえかなわず本銀に繰り込まねばならなくなっていったとある(「琉球館文書」九二号〈七六〜七七頁〉)。そうした極めて厳しい財政事情のためであろう、この年年頭使松島親方朝記がいくつかの役目を兼ねて上国している。その一つ目は、浄信院・嶺松院の三回忌への進香使、二つ目は、八八年尚穆王世子尚哲の死去に際し、島津家より香奠ならびに恤問の品などを遣わしてきたことへの御礼使、三つ目は使者兼務、進上物の半減を認められたことに対する御礼使である(『御使者記』、「世譜」附巻四〈七四〜七五頁〉)。琉球では世継ぎの中城王子尚哲を三〇歳で失い、このころ混乱が続いていたことが推測される。そうした事情があってか、九一年になると、島津家では琉球側の意向に沿ってなし崩し的に受け容れていた年頭使の使者兼務制を、期限を決めて正式に認めるにいたる。

九一年派遣の年頭使盛嶋(もりしま)親方朝朗の使者の兼務案件は、①太守様(斉宣)の中将官位昇叙かつ縁組み・婚姻の御祝い、②時之丞様(重豪男子、有馬一純)四男お届けの御祝儀、③玉貌院(綾姫、重豪継室、安永4年〈一七七五・乾隆40〉死去)一七回忌香奠献納、④松島親方(前年年頭使)の乗り船五島に漂到、帰還にあたり島津家の配慮を蒙ったことに対する御礼、⑤当亥年(一七九一)より卯年(一七九五)まで五ヶ年間使者兼務、進上物・進覧物などの半減を仰せ付けられたことに対する御礼、そして⑥去年江戸へ使者派遣につき御両殿(重豪・斉宣)へ御礼、などとなっている(『御使者記』、「世譜」附巻四〈七五頁〉)。すなわち、この年から寛政七年まで五年間の使者の兼務制と進物・進覧物の半減が認められたのである。「世譜」附巻には「若し遣使の事有れば必ず専遣せず、在番親方・蔵役・書役に兼摂せしめ、献饋（けんき）（進献）する物件に至っては、向例の半ばを減用とするを謝す」（七五頁）とある。

2. 相次ぐ「江戸立」と冊封

こうして軽い案件はひとまず在番親方や蔵役・書役など琉球館役人らが使者を兼務することになり、財政的には軽減される条件が整ったといえるが、しかし間もなく兼務が許されない案件が生じることになった。琉球では一七九四年（寛政6・乾隆59）四月八日尚穆王が在位四三年にして死去し、代わって尚温（しょうおん）王が即位した。早速そのことを鹿児島に報告するために玉城親雲上盛林が差し立てられ、ついで尚温王の即位を願う使者として羽地按司朝美が別便で送られている。「世譜」附巻にはそれぞれの鹿児島到着が五月二三日、五月二八日とあるから、二人は相前後して那覇を出発したことになる。これは国王の死去報告と新国王の即位承認願いの使者とは兼任は憚られ、別々に仕立てられる仕来りが守られたことを示している（「世譜」附巻四〈七七頁〉）。

新国王即位の報を受けた当の島津家では、琉球使節の参府の手当てをいかにすべきか悩んだというのが正直のところであろう。まずこの年の閏一一月には幕府より金二万両、米一万石を拝借し、さらに一七九六年、使節参府にあたってはあらたに金穀の貸し付けを認めさせ（『鹿児島県史』第二巻〈二四〇頁〉）、どうにか大きなイベントを乗り切った。以後、使節の参府ごとに金一万両（一八四二年〈天保13・道光22〉は二万両）の貸付が慣例化する（紙屋：一九九〇年〈二五二頁〉）。これはあまり注目されていないが、幕府が貧窮にあえぐ琉球の使節派遣を安定的に維持する役割を果たし、琉球にその恩寵を意識させる意味をもったことを指摘しておきたい。

また、我々の目は使節参府に行きがちであるが、この年鹿児島へも怠りなく慣例にしたがって慶弔の礼が示され、さまざまな配慮に対する謝意を表することがなされていた点も忘れてはならない。一七九六年鹿児島へ年頭使として派遣された伊是名親方朝義には多くの儀礼案件が託されている。具体的にその内容をあげると次のようになる（「世譜」附巻五〈七八頁〉、『御使者記』）。

①太守様（斉宣）御鷹の鶴拝領の御祝い
②若殿様（斉宣の子剛之進、斉興）嫡子の御届御祝い
③若殿様御縁組みの御祝い
④聞得大君加那志様（琉球王国の最高位の神女、王女・王妃・王母などが即いた。この場合は尚哲妃）死去につき御両殿様（重豪・斉宣）安否御尋ね、ならびに御香奠を下されたことにつき御礼
⑤浄国院様（島津吉貴）五〇年、浄岸院（島津継豊継室）二五年回忌につき御香奠献納
⑥土佐・対馬漂着の馬艦船の帰還にあたって斉宣の高配に対する御礼
⑦使者兼務、進上物の半減の年限は去年までのところ延長につき御礼
⑧重出米・出銀免除の御礼
⑨清国皇帝高宗（乾隆帝）より仁宗（嘉慶帝）へ交代につき、慶賀使派遣の伺い

これらの案件でまず注目したいのは⑦で、一七九一年から去年までの年限つきの使者兼務、進上物の半減はさらに延長されるようになったことである。そして二つ目は④で、琉球王国の最高の神女であり王妃でも

ある聞得大君加那志の死に際しては、島津家当主からも香奠が下されるのがしきたりとなっていたようで、弔意は琉球から島津家に一方的に表されるものではなかったことがわかる。三つ目は⑧で、前年（一七九五）が年限の重出米・重出銀の免除はなお続くことになったことを知りうる。

この年の最大のイベントはなんといっても尚温王継目の御礼のための大宜見王子朝規（正使）・安村親方良頭（副使）ら九七人の派遣であった。これについては金五〇〇〇両を一七九七年（寛政9・嘉慶2）より一〇ヶ年賦で島津家から借り受け、いっぽう島津家は幕府より米一万石・金二万両の拝借が許され、無事果たすことができた（紙屋：二〇一八年）。

なお、このほか斉宣・重豪が尚穆王の死去にあたり、使者をもって拝領物・香奠を届けてきたことに対して、参府の使者讃議官の奥本親雲上朝憲・楽正喜納親雲上良輔に御礼言上を託している（「世譜」附巻五〈七九頁〉、『御使者記』）。

さて江戸への御祝使参府を滞り無く終え、琉球王府は島津家へも兼任のかたちではあったが、島津家の尚穆王死去に対する弔問に返礼を済ませ、まずはひと息ついた。ところがそれも束の間のことで、そのあとに重大な国事が待っていた。日本への使節派遣に追われていたころ、清国では乾隆帝（高宗）から嘉慶帝（仁宗）への帝位の交代があり、すぐにその慶賀のための使節派遣の準備に追われた。そしてそれが済むと、新しい皇帝から送られてくる冊封使の受け容れに備えねばならなかった。一七九七年の年頭使田島親方朝盈の使者兼帯案件には、新皇帝へ武具進上を認められたことに対する御礼がみえる（『御使者記』）。翌九八年の年頭使仲村親方良倉よりも、この年秋の進貢使より健在の太上皇帝（乾隆帝）に献上物を差し上げたい、との伺いが立てられている。そして、明けて一七九九年の年頭使小波津親方朝虎の使者兼帯案件一四件の中にはそれが認められたことへの御礼、冊封謝恩使による献上物差し上げの伺い、冊封使進覧用武具調達に対する御礼などの案件がみえる。さらにこの年、翌年の冠船渡来入用銀の拝借を許された御礼として桃原親方良徳が立てられており（「世譜」附巻五〈八〇頁〉、『御使者記』）、皇帝交替後の清国との関係維持に力が注がれている。

こうして一八〇〇年五月、琉球では趙文楷（正使）・李鼎元（副使）ら冊封使の一行約五〇〇人を迎えた。崇元寺における先王への進香の儀礼の様子などについては使者をもって鹿児島に報告された。すべての儀礼が終わると、翌一八〇一年宜野湾王子朝祥がその首尾報告を兼ねて御礼使として派遣され（「世譜」附巻五〈八一頁〉、『御使者記』）、国王即位にかかわる重要な儀礼は完了した。

ただ儀礼的にはそれで終わったとしても、琉球には大きな問題が残されていた。それは冊封使一行がもたらした貿易品（評価物）の処理である。この時は大量の薬種類がもたらされたため、王府はその処理に窮し、幕府に市場搬出を願ったが、幕府は市場の混乱を恐れてこれを抑え、かわりに金一万両の補助を与えている（「世譜」附巻五〈八三頁〉、『御使者記』）。こうした冊封儀礼そのものが幕府の配慮で成り立っていたことにここではあらためて注意を払いたい。

3. 窮する琉球、支える島津氏

琉球は対幕府儀礼を執行するために島津家をたより、島津家は幕府よりの拝借によって急場を凌ぐという構図ができあがっていたことになるが、当の琉球では財政難に加えてあいついで国王が交代し、政治的にも安定している様子はみえない。すなわち中国の認証を終えたばかりの尚温王が一八〇二年七月一一日に一九歳で急死、翌年尚成王が即位するものの在位一年にして四歳で夭折している。そのあと一八〇四年（文化1・嘉慶9）に尚哲王の四男具志頭王子が一七歳で即位、尚灝王と称した。王はようやく即位二年目の一八〇六年に「江戸立」を行い、一年おいて〇八年に島津家へ冠船派遣を申請するまでにいたっている（「琉球館文書」一七八号〈一三三～一三四頁〉）。前回の「江戸立」から数えると一〇年の間があったが、冊封から数えるとわずか六年にして大きな儀礼の挙行ということになる。どのように財政的な手立てをするかが王府にとって大きな課題となったことはいうまでもない。特に冠船を受け容れるにあたっては古銀が要る。古銀とはかつて一〇〇〇分の八〇〇という高品位を誇った慶長銀に合わせて特鋳された銀で、琉球に対しては進貢・接貢料として特別に認められていた。冠船来航の場合も冊封使一行が帯びてくる多くの貿易品（評価物）を買い取らねばならなかったので、やはり古銀を必要としたのである。

このため、その調達が琉球館を通じてはかられることになった。すなわち一八〇五年九月一日に立入を通して大坂商人から借銀がかなうよう、島津家に願われている。借銀高は五〇〇貫目を現古銀（品位一〇〇〇分の八〇〇の享保金銀カ）、三〇〇貫目を小判金とし、砂糖を引き当てとして三ヶ年賦返済とすることを条件して提示した上、文銀ならば現古銀で一四二〇貫目になるが、琉球館ではこれだけの高を古銀に振り替えることは困難と訴えている（「琉球館文書」一七七号〈一三二～一三三頁〉）。

参府については前回のそれから間もないこともあったためであろう、公儀よりは儀礼の簡略化をはかり、使節による御膳進上、踊の提供は省略とするよう申し入れがなされたようである。島津家よりも鹿児島においても同様としたい旨打診がなされたが、しかしこれに対し琉球では一八〇五年九月、「江戸立は有り難い機会で、国王一世一度の礼式でもあるので、これまで通り御膳進上も行い（「然者御膳進上之儀、王子上国之節ハ、跡々より進上被仰付誠冥加の仕合、琉球之規模、其上国王一世一度之礼式ニ茂相懸り候處、此節より御差止被仰付候而者、古来より之規模相替、難有乍御用捨、甚不本意之次第御座候間、是迄之通進上被仰付…」）、また踊りも御覧に入れたい、と琉球館を通じて願い出ている（「琉球館文書」一七九号〈一三四頁〉）。費用捻出に苦慮しているなかにあっても、当の琉球が慣例の維持にこだわっていたことが注目される。

島津家が「江戸立」儀礼の簡素化に傾いていたのは、いま一つ冊封儀礼のことがあったからであろう。琉球より冠船受け容れ費用の拝借を願われている最中の一八〇六年三月に江戸の大火（泉岳寺大火）に見舞われ、芝藩邸を類焼してしまった。島津家では一一月には琉球使節の参府を予定していたので、早急に屋敷の普請をしなければならなかった。しかし江戸・京・大坂の銀主は莫大な出銀を引き負い、これ以上の出銀要求を受け容れる様子にはみえなかったので、島津家では冠船方入用銀を館内で才覚するか、あるいは来航年延べはできないか、などと琉球に検討を促した。これに対して琉球は「冠船の申請は国王の三回忌が相済み次第召し行うべき国典である。日本との通融は表向きは許されていないので清国に延期の申し立てはできない」と、琉日関係の隠蔽を逆手にとって、借銀の立てかえを愁訴している。すなわち、館内才覚銀高は銀一一八〇貫目余を要するが、手当の目処がつかず、もしも古銀八〇〇貫目の拝借が許されないならば、琉球館の才覚銀高は一九八〇貫目余の銀高となる、と事態の深刻さを訴えている（「琉球館文書」一八一号〈一三五頁〉）。ここでは砂糖増産が唯一の事態解決策たりえないことを主張して、島津家を冊封使接待費用調達に追い込んでいることが理解できる。すなわち、高い運賃負担と自由な販売権のない現状への不満がそうした主張の根底にあったと解されよう。

琉球の古銀八〇〇貫目の拝借願いに対し、島津家ではやむをえず五五〇貫目の拝借を認め、残りの二五〇貫目については現砂糖二五万斤を返上にあててくれれば検討すると主張してきた。これに対し、琉球では「二五万斤の砂糖に運賃がついて三〇万斤にもなる、百姓に砂糖の焼重（たきかさ）みを申し付けたところ、地面が狭く黍作耕地を選ばねばならず、百姓の飯料地を圧迫することになる、と断られた」、と返答におよんでいる。ここには端無くも砂糖モノカルチャー経済の矛盾が語られている。財政を回すためには砂糖を増産しなければならず、それが逆に百姓達の農業経営の不安定を招くというこの負の循環構造を断ち切るのは容易ではなかったことが示されている。当時琉球館蔵方届砂糖高は二〇〇万斤ほどであったが、その中の五〇万斤は船頭らに支払わねばならなかった。そして、この度二五万斤を借財にあてるとすれば、運賃分を含めて三〇万斤を作り増さねばならなかった。しかし、百姓の窮状からそれはかなわず、運賃の負担がかかる現砂糖を支払いにあてることなく歎願通りの銀の拝借をと申し入れているのである（「琉球館文書」一八八号〈一三七〜一三八頁〉）。

しかし、この頃島津家自身の財政も火の車であり、一八〇七年には江戸・大坂・京都三都の借銀高はおよそ七万六一二八貫目（金一二六万八八〇八両）にものぼるようになったといわれる（『鹿児島県史』第二巻〈二四二頁〉）。そのように、状況的に厳しいことが汲み取られて一八〇六年、幕府が外国に掛かる案件ということで、島津家に米一万石と金一万両の拝借を認めるにいたった。

いっぽう財政的に窮した琉球に島津家は銀を融通したが、琉球ではその返済にあてるために砂糖・鬱金などの特産物の市場出荷量を増すということ以外にとるべき途はなかった。一八〇七年の年頭使奥平（おくひら）親方朝憲の使者兼帯の案件に、琉球館蔵方届け産物に掛かる手形銀の免除、ならびに馬艦船による特産品の運送認可に対する御礼などがみえる。琉球ではこうしたかたちで費用を捻出し、〇六年秋、読谷山王子朝敕（尚大烈〈正使〉）・小禄親方良和（馬応昌〈副使〉）ら九七人を尚灝王の継目御礼使として送り出した（『御使者記』、「世譜」附巻五〈八四頁〉）。

それが済むと一年置いて、一八〇八年閏五月には冊封使斉鯤（正使）・費錫章（副使）ら五二〇名の冊封使の一団を迎えた。『御使者記』には一八〇七年「冠船御渡来之節、御入用銀御拝借被仰付候御礼」のため渡名喜親方崇任が遣わされていることから、やはりその費用の立て替えを島津家にあおいでいたことがうかがえる。島津家は琉球王国の日本と中国への使者派遣儀礼を底支えし、琉球をめぐって中国と日本との間の政治的バランスを崩れないようにしていたという見方もできよう。琉球で使者の派遣を怠らず、進物の量について先例にこだわったのは、王国支配を現実のものとしている日本・中国との親密な関係に変化が生ずることを望まなかったからだと思われる。

二　窮迫する島津財政

1. 顕在化する矛盾

しかし財政的に深刻な事態にあった琉球と島津家の間は何の問題もなく臣従・附庸の関係が維持されたのかといえば決してそういうわけではない。以下では、「琉球館文書」の中から双方で争点となった問題を取り上げ、伏在する矛盾と対立の側面に着目してみたい。

よく知られているように、一八〇八年（文化5・嘉慶13）から〇九年にかけて島津家では藩政騒動に見舞われている。藩主島津斉宣は前年の〇七年に樺山久言・秩父季保らを家老に抜擢、藩政改革に着手した。それは、これまでの父重豪による放漫な財政政策を緊縮路線へと転換をはかるものであったため、重豪が立腹、〇八年七月、改革派に粛清を加えるという事態となった。関係者のうち樺山・秩父ら切腹が一三人、遠島二五人、寺領（寺預け）四二名、逼塞二三人におよび、〇九年六月斉宣も隠居に追い込まれた。事件は改革派が朱子学の学問書「近思録」の学習を中核に結集したことから「近思録くずれ」あるいは「秩父くずれ」「文化朋党事件」などとよばれる（『鹿児島県史』第二巻、〈二四二～二四九頁〉、芳即正：一九八〇年〈一七七～一九七頁〉）。

秩父・樺山らが家老に取り立てられ、財政の点検がなされる中で、議論の対象として浮上してきた問題の一つに琉球の渡唐銀の案件があった。王府は、〇八年の早い時期に島津家より渡唐銀の減額を申し渡された。近思録派による緊縮政策の一環であったとみられる。これに対して、王府は「渡唐船は一艘に銀一五一貫目を積んでいるが、唐における遣い銀ならびに二番方御用物代（王府の御用物代）、そのほか諸雑費を差し引けば八一貫八五〇目が残り、右の銀高で鹿児島への進上物・進覧物、国王用物、琉球国中の衣冠、病用の薬種、そのほか日用の諸品まで買い渡っている状況である」として、渡唐銀が減額されることのないよう琉球館でも島津家へ働きかけるよう指示している（「琉球館文書」一九一号〈一三九頁〉）。王府の渡唐銀減額反対運動が影響したこともあろう、島津家では幕府に長崎での琉球唐物の販売を請願し、一八一〇年には薄紙・五色唐紙・釘・羊毛織・丹通・緞子（ドンス）・猩臙脂（ショウエンジ）・花紺青（ハナコンジョウ）など八種の販売権を獲得している（「薩州唐物来由考」）。唐物の捌き口を確保して矛盾を解決したということができる。

この頃の尚家と島津家との間にきしみをもたらしていた二つ目の問題は、重出銀・出米の賦課であった。一八〇一年（享和1・嘉慶6）から〇五年まで五年間にわたって賦課されたそれは、五割引のかたちではあったが、翌〇六年より五ヶ年間延長となった。琉球は「江戸立」に引き続いて〇八年の冠船来航で難渋しているとの理由で、〇五年の出米銀は来る巳年（一八〇九）の上納とし、翌〇六年よりのそれは来る午（一八一〇）より上納するように申し渡された。しかし、王府は〇八年七月十六日付をもって、そのように上納時期をずらされてもそれは困難であることを縷々述べ、琉球館に次のような点について交渉するよう指示している（「琉球館文書」一九四号〈一四〇～一四一頁〉）。

①来年より上納することになっている重出米四七〇〇石のうち、半分の二三五〇石は川積み米での届けとする
②年々の大坂の切手米値段で代銀上納とし、三分運賃は免除とする

③残り半分の二三五〇石は冠船接待に要した拝借銀の返済年限中は納入を延期し、来る申（一八一二・文化九・嘉慶一七）より先の上納とする

①の重出米とは高一石当たり八升一合の定式出米の上に課された軍役米をいう。尚家の給人としての石高九万四二三〇石に課せられた定式出米高は七六三二石余であったが、その五五％にあたる四七〇〇石の加徴であったとすれば、琉球にとっては容易に納得できるものではなかったといえよう。しかし島津家の給人としての身にあった尚家としてはそれを拒むことは叶わず、やむを得ずその半分の二三五〇石は川積み米で納入したいとする。川積み米とは、那覇川から積み出される中頭・島尻産の白米のこと。琉球産米には、川積み米のほかに、北部の国頭あたりで獲れる赤米がちで質の劣る国米というのがあった（北の湖辺底港または嘉手納港から積み出された）が、納入は白米の川積み米で行うものとしたのである。

ただし②によれば、それは大坂における米切手（蔵屋敷が発行した販売米の保管証書）による代銀上納とすることが目論まれている。これは船頭達への高額な運賃の支払いを避けるためである。そして③では、残り半分は冠船受け容れのための拝借銀の返済年限中の納入は猶予することが願われている。

これらのことについては、島津家でもやむを得ないと思われたのであろう、訴えは受け容れられたようである（「世譜」附巻五〈八六頁〉）。『御使者記』によれば、一八〇九年に派遣された年頭使知念親方政方の使者兼務案件の一つに、重出米の代銀上納、延納を許されたことに対する御礼言上があったことが知られる。

島津家と王府の間で争点となっていた三つ目の問題は、冊封使一行のもたらした評価物をどう処理するかであった。

一八〇八年夏来航した冊封使斉鯤ら一行は、琉球側の申し入れを無視し、多くの薬種類をもたらした。先に一八〇〇年（寛政12・嘉慶5）冊封使趙文楷・李鼎元らが来航した時、幕府より唐物取り締まり強化を理由に唐物は差し戻され、品によっては焼き捨ても言い渡されたが、その時は代金の拝領を許され、漸く島津家からの拝借銀の返上が叶った。ところが、この度はかねてより申し渡しを受けていたこともあって、品柄によっては鹿児島へ積み渡ることは全くできない有様であった。窮した王府は、このままではおよそ古銀七〇〇貫目内外を失ってしまうほかない、と琉球館を通じて島津家にその販路の確保を歎願するにおよんだのである（「琉球館文書」一九五号〈一四一〜一四二頁〉）。これに対して、島津家がどのような対応をしたのか今のところ史料的に明らかではない。琉球館が島津家に差し出した文書（「乍恐極御内分より申上候口上扣」）の日付は文化五年八月一九日である（「琉球館文書」一九五号〈一四一〜一四二頁〉）。まさに重豪によって近思録派の粛清が進められている真っ最中であり、そのため記録に留められなかった可能性もある。ただここでは、琉球のこうした動きが以後幕府の唐物市場の統制を緩和させようとする島津家の動きにつながっていくことを指摘しておきたい。

争点の四つ目は、琉球の特産物鬱金の販売をめぐってである。一八〇三年（享和3・嘉慶8）、島津家では唐薬種類を一切持ち越さないようにとの公儀よりの通達をうけ、不正防止を理由に琉球特産の鬱金についても一〇〇斤につき五〇目で独占買い入れを打診していた。この時は、琉球では作人らの迷惑を理由に一八〇五年に申し入れを断り、御物買い入れ（御用物としての買い入れ）は一応撤回された。しかし一八〇八年になって島津家は、琉球館よりの売り出し値段より値増しをもって買い入れるので、斤数は年々減少なきように、と再び買い入れを求めてきた。またもや検討を迫られた琉球では、鬱金の値段は近年値下がりし、去年は一〇〇斤につき五四匁、当年は六〇匁で館内用聞らへ売り渡している、斤数は不同であるが大概五万斤内外を積み登せている、と現在の鬱金の出荷状況、取引価格等について触れ、「来年より冠船方借銀返済に砂糖七五万斤を差し登せるので、それだけ引き当ての産物が減り、用聞は勿論銀主らは迷惑している。鬱金を値増しで買い入れたいということであるが、館内蔵方の利益も見込み違いとなり、これまで通り諸用銀の弁達かたもお断りするほかない」、とあらためて申し入れを拒んでいる（「琉球館文書」一九八号〈一四三～四四頁〉）。しかし、その後島津家の強い要求に抗することができず、結局は間もなく一八一五年には島津家による一手買いを認めてしまうことになる（上原：二〇一六年〈一一二～一一五頁〉）。

一八〇八年から一〇年にかけて、積もり積もった領内矛盾はついに島津家に激しい内部抗争をもたらしたが、この間にあっても島津家と琉球は双方の要求をぶつけ合い、問題によっては妥協しながら相互が傷つかないようにしていたことがうかがえる。島津家の要求を全て無条件に受け容れるのでもなく、琉球の事情を説いて島津家の妥協を引きだすという柔軟な外交手法はこれまで取り上げてきた案件についても共通してみられることである。相互の間に問題点が残されたとしても琉球は使者派遣については慣例を遵守しようとする。

2. 使者兼務制定着へ

一八〇八年に冊封の儀礼を滞り無く済ませた後、いっぽうの島津家では翌一八〇九年六月には島津斉宣は隠居し、長男の斉興(なりおき)が家督を継いだので、琉球では一八一〇年にそれを祝う使者と、冊封を首尾よく終えることができたことへの御礼使を派遣したい旨島津家に諮った。すると、藩主の座についたばかりの斉興より は琉球の困窮を慮り、使者は兼帯で一人で済ますようにとの指示がかえってきた。これに対して、国王尚灝ほか王府要路は「冠船の引き受けは国王一世一度の大礼で、数々の憐愍、大分の拝借、御心付けなどで首尾よく果たすことができた」として、特別に王子使者の派遣を認めてもらうよう歎願している（「琉球館文書」二〇三号〈一四六頁〉）。琉球にとっては、使者派遣に要する費用よりも慣例が守れないことのほうが権威失墜につながるものとして恐れていたことが、ここでも示されている。この問題にはある一面では琉球側の事情が絡んでいたので島津家でも無碍（むげ）に斥けるわけにもいかなかったのであろう、一八一〇年には斉興の家督相続と少将任官、斉宣の隠居を祝う使者として本部（もとぶ）王子朝英が、冊封儀礼を首尾よく済ますことができた御礼としては羽地王子朝美が派遣をみている（『御使者記』、「世譜」附巻五〈八六頁〉）。

琉球が旧慣の墨守にこだわったのに対し、意外と使者を兼帯させる方向に動き出したのは島津家のほうであったが、旧慣にこだわる琉球に、その方針が一八一五年を期して明確にされる。すなわちこの年、上国してきた湧川親方朝傑は琉球館の滞納銀に掛けられた三割の利銀免除に対する御礼のほか、五つの使者案件を兼帯しているが、その中にこの年より先七ヶ年にわたって諸使を年頭使が兼務とすることになった御礼（「御国元江何そ付御使者被差上候儀、当年より先七ヶ年兼務被仰付候付、当夏御礼之御使者兼務」）があったことが知られる（『御使者記』）。以後、年頭使による兼務制は七ヶ年ごとに更新され、一八五〇年（嘉永3・道光30）と一八六〇年（万延1・咸豊10）には一〇ヶ年兼帯制が通告され、琉球王国の末期まで続くことになる。こうして一八一五年（文化12・嘉慶20）以降、特別の案件は別として一般的な儀礼案件について年頭使が兼帯することになったとすれば、この段階以降、年頭を寿ぐための慶賀使というよりも、琉球王府の出先機関琉球館の長としての性格をより明確にすることになっていったといえよう。

また「世譜」附巻や「御使者記」には年頭使のそうした性格をいっそう深く刻印するにいたったことをうかがわせる記事がみえる。たとえば『御使者記』には、一八一八年（文政1・嘉慶23）の年頭使宮平（みやひら）親方良綱の使者兼務の案件として「御使者勤めを済ました上で、在番を申し付けるよう仰せ付けられたことに対する御礼」（「御使者勤済之上、在番中付候様被仰付候御礼」）というのがみえる。「世譜」附巻ではこの件は「謝恩使者。其の事務完竣を待ち、在番職を兼務せしむ」となっている（「世譜」附巻五〈九〇頁〉）。すなわちどちらも年頭使が在番職を兼務することを認められたことを意味している。これまで上国の年頭使が琉球館の在番として詰めることは知られていたが、年頭使が在番としての性格をもつようになるのはこの段階ではないだろうか。すなわち使者案件の兼務制とともに、その在番としての性格を明確にしていったのではと考える次第であるが、そのように理解するにはなお今後検討が必要であろう。

さて、多くの使者案件は年頭使の兼帯するところとなっていたと述べたが、では琉球が使者の別仕立てにこだわった案件はどのようなことだったのであろうか。文政年間に限ってみると、「唐之首尾御使者」（文政1・嘉慶23、文政3・嘉慶25、文政6・道光3、文政7・道光4、文政9・道光6、文政11・道光8）、加徴金の減額願い（文政7・道光4）、古米船船頭ども米運賃の請け取りを渋るにつき訴訟（文政8・道光5）、尚灝王隠居につき中城王子（尚育）の跡目相続願い（文政10・道光7）、ならびにその許可に対する御礼（文政11・道光8）、砂糖の買い入れの代わりに金七〇〇〇両の上納願い（文政12・道光9）などとなっている（「世譜」附巻五〈九〇～九五頁〉、『御使者記』）。すなわち進貢貿易の首尾報告、島津家当主の官位の昇叙、王位跡目に関する事項、経済的負担がからむ問題等については独自に使者が立てられていたのであった。こうした傾向はほかの年も同様である。

3．天保二年の参府延期

島津家との間の政治的・儀礼的案件のほとんどは年頭使＝在番親方が兼務して集中的に処理することになっていったが、国王即位の御礼、将軍即位の慶賀はもちろん在番の兼帯というわけにはいかなかった。琉球国王尚灝も将軍家斉もともに長期の在位を誇ったが、尚灝王が一八二八年（文政11・道光8）に病を得、長子尚育が摂政として政治を統括するところとなった。尚育が王位に即くのは尚灝王死去後、翌年の一八三五（天保六年・道光一五）のことである。しかし、一八三〇年には幕府への御礼使の派遣が願われており、摂政職への就任をもって実質的に尚育の王位継承が認められことを意味していたものと思われる。幕府でも一八二九年八月二三日には、老中松平周防守が琉球人参府御用に任じられているから（横山：一九八七年〈四九頁〉）、すでにその頃には内々に尚育王の王位継承について幕府の承認をとりつけていたことになる。こうして翌三〇年に参府とすることが決まった。ところが、島津家では周知のようにこの頃五〇〇万両という負債を負い、二八年より調所笑左衛門を登用して天保改革に乗りだしていた。借債のあてのないところへ琉球人参府という一大行事は基本的に無理な相談であった。そこで、調所ら島津家要路では参府延期を画策するにいたった。

島津家ではその下交渉のため、二九年九月、四本孫左衛門と石原伝兵衛の二人を特使として琉球に派遣している。二人に負わされた使命は二つあった。まずその一つは、砂糖の増産交渉であった。この年、奄美・喜界・徳之島三島への砂糖総買い入れ制の実施を決定しており、これを機に琉球にも増産させ、追々総買い入れ制の網をかけようという目論みであった。

そして二人に負わされた特命のいま一つは、未だに金主のあてさえない状況下の江戸参府を一八三〇年（天保1・道光10）から三二年への延期を琉球より出願させることであった。参府延期となると、島津側の事情ではまずい。琉球で何か変事があったことを疑われ、支配の不始末をあれこれと穿鑿を受けかねない。そうなると、企図していた大御隠居重豪を従三位へ、当主斉興を正四位近衛中将へ昇叙させようという目論みもかなわなくなる恐れが出てくる。ここはどうしても琉球から理由を設けて参府延期を歎願してもらわなくてはならなかったのである。

結局、砂糖の一件については琉球側は抵抗むなしく一五万斤内外の増産を引き受けさせられた。三〇年には二千七、八百石の出米分の代納ということになったが、それも奄美三島にならって砂糖一〇〇斤につき四斗という低い代米換算率で押し切られた。

いっぽう参府延期の理由付けについては、王府は使者二人と案の遣り取りをし、順風に恵まれず鹿児島と琉球を結ぶ大和船・返上物積船・古米船などに献上用の諸品を積み込んだままとなったため反布類はしみ入り、虫入りとなった、両先嶋（さきしま）（宮古島・八重山島）・久米島の反布を積んだ船は風難に遭い、人命ともに損なわれてしまった、などの理由書を作成、幕府に提出におよんだ。そのまことしやかな文書は、見事幕府を欺くのに成功し、参府は三二年に延期となったのであった（上原：二〇一六年〈一七三〜二〇八頁〉）。

なお、幕府はこの時国役金（くにやく）（人馬継立方諸入用）を武蔵・相模・伊豆・駿河・遠江・三河・美濃・近江の八ヶ国の幕領ならび私料に賦課している（『通航一覧続輯』一、紙屋：二〇一八年）。幕府にとっては、異国にかかわることを理由に軍役徴発権を行使する機会となったという見方もできよう。

一二　中城王子の御目見問題

1. 中城王子上国制の経緯

参府延期から六年後の一八三八年（天保9・道光18）には、琉球では清国の使者林鴻年（正使）・高人鑑（副使）らによって尚育王の冊封の儀が執り行われ、島津家では斉興が正四位上昇叙を得て、ことは双方の望む方向に進んだ。ただ前年に将軍家では家斉から家慶への交代があり、琉球でも近々のうちに御祝使を派遣しなければならなくなった。御祝使の派遣は幕府との交渉の結果、天保一三年と決まったが、その前に島津家と尚家との間にある問題が浮上してきた。それは現中城王子尚濬のお目見え挙行をめぐる問題である。ここでは、尚家文書の『御上国一往被遊御猶豫候日記』という関連史料を中核にすえて、その顛末についてみてみたい。周知のように、近世の武家社会において大名は家督を継ぐ者を将軍に対面させる儀礼を必要とした。島津家と琉球尚家との間でこうした服属儀礼がどうなっていたのか明らかにするのがねらいである。

王位継承者のお目見えの前に、島津側が琉球に求めた服属儀礼は人質の引き渡しであった。「国質」ともよばれるそれを最初に担ったのは、摩文仁親方安恒で、「世譜」附巻によれば一六一一年（慶長16・万暦39）薩摩にいたったが、病を得て翌年帰国、嫡子松金安基が代りをつとめたとされる。その次は、翌一六一二年に伊江按司朝仲と羽地按司朝安の二人が派遣されている（〈五頁〉）。ちなみに二人について「世譜」附巻は「甲寅の年（一六一四・慶長19・万暦42）に至り国に回る」としているから人質二人三年詰制がとられたことになる。

ただし翌一三年については「世譜」附巻は何も記録していない。この年、年頭使派遣が始まっているから人質派遣は免除されたのかもしれない。それが一四年には人質の数は三司官を含む三人とされ、彼らの帰国と同時に一六年には「一〇年質」制が執行された。島津側からの打診もあったのであろう、琉球側は佐敷王子朝昌（のち中城王子）を鹿児島に送った（『世譜』附巻〈六頁〉）。これが後の尚豊王である。

その後、「世譜」附巻はしばらくまた人質派遣の記録を欠くが、一六二六年（寛永3・天啓6）の条にいたって東風平按司朝易が国質として薩州に赴き、二年後の二八年に帰国したとの記事を載せている。一般的にはここで三年の「国質」が始まったものとみられている。「世譜」附巻・『御使者記』は一六三〇年の三司官国頭親方朝致の上国について記し、その役目につて「年頭使兼三年詰事」（『世譜』附巻一〈九頁〉）としているが、これは三司官国頭が年頭使と三年間の人質を兼ねたものと解されている。ところが、二つの記録では三二年から年頭使の三年詰めの記載が一〇年間消え、四二年（寛永19・崇禎15）に記載が復活するが、それらはともに「三司官一人、薩摩州江三年詰此より始」と記す。これよりすると、三司官の三年詰はこの年より始まったと解するほかはない。この制度が始まると王府は反発し、直ちに廃止を懇願、藩主光久も一六四六年（正保3・順治3）これを受け容れている（『世譜』附巻一〈一四〜一五頁〉）。

こうしてみると、四〇年代になると、島津氏は人質制度に執着しなくなっていったことがうかがわれるが、かわって琉球の服属を示す儀礼として一六六〇年（万治3・順治17）より中城王子の上国（朝覲）制度が始まっている。掲げた表2は一八六八年（明治1・同治7）、尚泰王嫡子で中城王子尚典の上国猶予を願うにあたって作成された、王位に即いた者もしくは即く予定であった者たちが上国して御目見の礼を果たしたかどうか、琉球側が調べあげたものである。表をみると、王位に即かなかった尚文（佐敷王子）、そして尚哲王第四子の尚灝王（具志頭王子）を除いて、王位には中城王子であった者が即いている。島津侵攻後の琉球では、王位継承者は中城王子を原則としていたといってよい。

ただし、王位継承者の確定にいたるには一定の手続きを必要とした。まず、諸王子・三司官らが談合して中城王子を指名し、島津氏の許しを受けなければならない。それがあってはじめて島津氏は一応幕府に伺いを立てることになるのである（梅木：二〇一一年〈二九八～三〇四頁〉）。

ただ、王位に陞（のぼ）るにあ

表2　王位後継者の上国（御目見）の有無

	国王名（在位年間）	王子名	上国年	太子の礼の有無
①	尚豊王（1621-1640）	中城王子	元和2(1616)	太子でなく平王子として上国
	尚文	佐敷王子		尚豊王第二子、病気につき即位せず
②	正賢王（1641-1647）	中城王子		尚豊王第三子、太子の礼なし
③	尚質王（1648-1668）	中城王子		尚豊王第四子、太子の礼なし
④	尚貞王（1669-1709）	中城王子	万治3(1660)	尚質王嫡子、太子として上国
	尚純	中城王子	延宝2(1674)	尚貞王嫡子、御目見得のため上国、早世のため即位せず
⑤	尚益王（1710-1712）	佐敷王子	元禄5(1692)	尚純嫡子、太子として上国
⑦	尚敬王（1713-1751）	中城王子		尚益王嫡子、太子の礼なし
⑧	尚穆王（1752-1794）	中城王子		尚敬王嫡子、太子の礼なし
	尚哲	中城王子	安永2(1773)	尚穆王嫡子、太子として上国
⑨	尚温王（1795-1802）	中城王子		尚哲第二子、太子の礼なし
⑩	尚成王（1803）	中城王子		尚温王嫡子、太子の礼なし、夭折
⑪	尚灝王（1804-1834）	具志頭王子		尚哲第四子、太子の礼なし
⑫	尚育王（1835-1847）	中城王子		尚灝王嫡子、太子の礼なし
	尚濬	中城王子		尚育王嫡子、早世、「右太子ニ而上国一世御免」

『御上国一往被遊御猶予候日記　一冊』（天保12年）（尚家文書311番）の付録史料「覚」に「中山世譜」「御使者記」の情報を適宜加えてある。

たって「太子の礼」、つまり御目見があったかどうかということに着目すると、尚賢王・尚質王までは特に島津家にこだわりがあったとはみえないが、次の尚貞王、尚純（しょうじゅん）、尚益王は三代にわたって太子の礼を行っているところからすると、一六六九年（寛文9・康熙8）即位の尚貞王が一六六〇年（万治3・順治17）におこなった太子の礼が慣例化したふしがみえる。その後、太子の礼は次の尚敬王・尚穆王については省略となり、尚穆王嫡子尚哲については一七七三年（安永2・乾隆38）に中城王子として上国している。

尚哲の嫡子尚温についても一〇歳になった一七九三年（寛政5・乾隆58）に、五、六年後の元服を目途に上国が予定されている。王府ではそれを理由に上国までの間、琉球の手船一、二艘をもって費用捻出に当たらせてくれるよう願う文書のなかで、「中城王子の上国は江戸立には較べがたく『太子太孫一世一度の公務』で、琉球においてはこの上大切なことは無く、江戸立、冠船よりも物入りも相増し、特に先の中城王子上国の時とは相変わり、諸品物が高騰しているので、一倍ほどの入料にもおよぶものと心配している」と述べている（「口上覚」〈寛政五年二月〉「琉球舘文書」一〇一号〈八三〜八五頁〉）。江戸立・冊封よりも物入りだというのは少し誇張があるかと思われるが、相当の出費であったのは間違いなかろう。尚温の上国は、多額の出費に備えて着々と準備が進められることになったが、しかし、すでに御目見を済ませていた父尚哲が一七八八年（天明8・乾隆53）に死去、そして間もなく一七九四年に現国王尚穆が没したため、急遽王位に即くことになり、けっきょく御目見は行われなかった。

表2をみると、人質として上国した尚豊王を除く国王もしくは国王継承予定者一一人のうち、「太子の礼」を行ったものはわずか四人に過ぎず、行わなかった者は八人におよんでいる。多くの国王が上国の手続きを踏まなかったのは、尚温のように幼くして王位を継いで中城王子時代が短かったり、夭折・早世したためで

（豊見山：二〇〇四年〈二六九～二七〇頁〉）、島津家としては原則としては中城王子の御目見儀礼は守らせたいというのが本音であったといってよい。これに対して琉球側としては先例があるとはいえ、遠い昔に行われたきりで近年は挙行例をみなかったから、可能ならばそうした朝覲の儀礼なしで王位継承をすませたかった。そうした思惑の違いから、尚育王の後継者尚濬の上国問題が一八四一年（天保12・道光21）の三司官国吉親方朝章の上国を機に、交渉案件として浮上してきたのであった。尚濬は一八三二年（天保3・道光12）の生まれで、一八三九年八歳で中城王子となり、渦中の人物になる頃には一〇歳を迎えようとしていた。

2. 尚濬上国をめぐる調所笑左衛門との交渉

一八四一年上国の国吉親方は、「唐之首尾御使者」としての役目のほか、いま一つ右の尚濬の上国免除を取り付ける役目を負わされていた。島津氏が尚濬の御目見を命じた史料は確認できていないが、すでに以前にそのことが王府に打診されていたのであろう。国吉は進貢貿易の首尾報告を片付けると、尚濬の上国一件について予備交渉の後、九月七日に調所笑左衛門のもとに内願書を提出するにおよんだ。内願の趣旨は「中城王子は最早年頃にもなってきたので近年中に上国し、御目見の願いを申し上げるべきであるが、国王の子供四人の内三人が娘で男は王子ただ一人である。その上、この間冠船渡来の折勅使へたびたび参見の勤めなどもしているので、上国の際万が一唐へ漂着したならば、進貢の妨げになる。長年にわたって琉球は困ったことになるので、なにとぞ哀れみを施され、王子上国は御免願いたい」というものであった。上国取り止めの理由が王子乗り船の中国漂着による琉日関係の露見を心配してのことと告げられると、調所は、この件は容易ならざる事案なので即答はできない、記録などを調べた上で返事をする、と回答を保留、一〇日にあらためて交渉がもたれることになった。その席で、調所は太子の上国は尚寧王が上国したことが基となって始まり、それ以後国王の代りに（使者が）上国することになったのではないか」と自らの見解を述べてきた。これに対して国吉は別紙の「抜書」を示し、「王子の上国は佐敷王子が冠船御礼の使者として上国したことより始まった。この頃は一般の王子使者の勤めるところとなっていて、去々年（一八三九）もやはり伊江王子が上国したところである」と反論した。「抜書」によれば佐敷王子とは尚文のことで、一六三四年（寛永11・崇禎7）に上国、病気のため即位することはなかったことになっている。国吉はそうしたことなどを指摘しつつ、さらに続けて次のように述べている。

昔は支配下に入って間もないことで、彼是琉球の態度に疑いを懐いたことであろう。しかし、現今は国王はじめ役々の者も心から薩摩国への奉公を大事に思い、御一家同様なので、特別の配慮をもって内願通りおとり計らい願いたい

琉球が薩摩国の支配下にはいった初期の頃はいざ知らず、薩摩国と一体化した現今に服属の儀礼などいるまい、という主張にはそれなりに説得力があったといえる。調所も「至極尤の申し分」といいつつも、本当に琉球には別心はないかと重ねて問い糺してきたので、国吉は実際に表裏の心はない、と返答におよんだ。これには調所よりはとりたてての評言はなく、さし当たり御用部屋の記録を調べて近日中に返答するということであった。

九月一八日の朝、国吉は調所のもとを訪れ、記録の調べがついたかどうかを伺った。そうしたところ、調所よりは「磯の総州様（重豪）御代に公儀よりいろいろ難しい問い合わせがあり、その時御返答を差し上げたヶ条書の中に太子の上国があると見えるが、その理由についてはよく知らない。しかしながら、公儀においてはあるいは理由を知っているかもしれないので、目下のところ上国を全く免除という訳にはいかない。しばらくの間猶予をということになった」という返事で、正式には翌日書付にして渡すということになった。その時に調所より、案文に王子があまり身体的に丈夫でないため「少須（しばらく）」猶予する旨書き入れたことを告げられた。

琉球館に帰る道すがら国吉はこの「少須」という文言に悩んだ。文言の通りだと、若年のためしばらく上国が猶予されただけでいずれ上国しなければならなくなる、そのように解した国吉は、再び晩方に藺牟田（いむた）の別荘に調所を訪ね、自らの心配を披瀝した。これに対する調所の返事は、「その時は身体の不調を理由に、また延期願いを出せばよいのでは」ということであったが、国吉は「少須」の文言は「一往」と改め、「『若年の訳を以て』の文言は削除するように」と再三にわたって申し入れた。さすがにこれに根負けした調所は、「すでに吟味を終え、太守様に御覧にいれ、清書も出来上がっている上は、今から修正はできないけれども、内願の趣はよんどころなく思われるので、なるだけ願意に沿うよう尽力したい」と述べ、その場をひきとった（以上、『御上国一往被遊御猶予候日記　一冊』）。

翌一九日、調所は城内において国吉の前で準備した書付を読み上げた上それを手交した。書付は、次のような内容になっていた（右同）。

中城王子

右は先例の通り近年中に上国し御目見得を願うべきである。そうなると大分の入費となるので、前もってその手当てをしなければならない事情については、いろいろ歎願書に申し立てられているので（藩主も）また承知している。しかしながら、中城王子ことは常々余り身体が強くないよしお聞きになり、特に荒波の航海を中山王もきっと心配であろう、親子の情を見過ごすことはできないと憐れみを示された。よって中城王子上国のことは特別に御慈悲をもって一往猶予なされる。

右は、誠に容易ならざることではあるが、かねてより御撫育筋に厚き恵みの情があって上国の免除を仰せ付けられたのである。ついては、右にかかる手当なども前以て準備するにはおよばない。いろいろと（太守の）仁心のほどを深く汲み受け、中山王が謹んで理解するよう、国吉親方は帰国のうえ上申するよう仰せ出されるものである。

九月　　笑左衛門

すなわち、「書付」では御目見上国を将来にわたって免除する「御免切（ごめんきり）」とはされなかったが、入費の省略とともに尚濬の病弱な体質、航海中途での遭難の危険性など、琉球側の訴えが汲み上げられていることがわかる。

調所は九月二六日、国吉を自宅に呼び、あらためて「公儀に何か太子上国の件に関する記録がないようであれば「御免切」の方向で交渉する、琉球よりも願い出がなくては叶わないことである」、と嘆願運動の継続を促している。これを受けて国吉も琉球館詰め在番親方らへ、「御免切」の実現へ向けて努力するよう指示している。

こうしてみると、琉球としては中城王子の上国制は廃止に持ち込むのが基本的な願いであったことがわかる。しかし、これまでの遣り取りからする限り島津家は中城王子の御目見にこだわっている。琉球側からすれば、侵攻間もない頃ならばいざしらず、双方が揺るぎない関係にある今日、なにを疑うのかという疑問を懐いたのは当然であったといえるが、島津家側は緊張をもって琉球の動向を見守っていたと言ってよいだろう。というのは一八〇〇年代に入って外国船の来航が頻繁になっているからである（詳細は大熊良一：一九七一年、西里喜行：二〇〇五年、上原：二〇二〇年などを参照されたい）。一八二四年（文政7・道光4）に宝島へのイギリス人の侵入を経験している島津家としては、琉球が外国に靡くかも知れないという恐れが存在していたとしてもおかしくはない。尚濬の御目見は宥免され、そして一八四四年（弘化1・道光24）一三歳で薨じたため、同人の上国をめぐる議論はなくなったが、一八六八年（明治1・同治7）には尚泰王の後継者尚典（中城王子）の御目見上国が再び議論されるようになる。

3．打ち寄せる外圧の波

中城王子の問題については名代王子の派遣で済むことになったが、しかし、一八四一（天保12・道光21）・一八四二年という年は重要な使者派遣案件が続くことになった。まず一八四一年は「唐之首尾御使者」が二度にわたって派遣されるという点で異例の事となった。最初のそれは定例のもので、すでにみたように国吉親方朝章が勤めているが、二度目のそれは恩河（おんが）親方朝幸が派遣をみている。恩河が再び派遣されたのは、一八三九年に突然清国より四年一貢を申し渡されたため、恩河が渡清して交渉し、その首尾について報告が必要となったからである。

ついで、一八四二年には年頭使仲田親方朝寛が派遣されているが、その役目は経済的規制緩和を認められたことに対する御礼が中心をなしている。それらをあげてみると次のようになる（「世譜」附巻六〈一〇四～一〇五頁〉、『御使者記』）。

①輸入唐物のうち天保九年の残荷、ならびに天保一〇年に海上で行き違いで届いた長崎商法品が御定法通り長崎会所での売りさばきが認められたことに対する御礼
②江戸立につき正使・副使の乗り船を一艘ずつ、正使荷方船一艘を差し登せること御免につき御礼
③琉球館蔵方届ならびに諸士自物砂糖にかかる手形銀を去年より当年まで免除につき御礼
④焼過糖（たきかとう）を当年より辰年（一八四四）までの三ヶ年間、引き続き重み積み登せ御免につき御礼
⑤戌年（一八三八・天保9・道光18）、冠船用拝借銀の返上方を三年賦とし、一ヶ年分の元銀ならびに惣銀高にかかる利銀の支払いを巳年（一八四五）まで年延べにつき御礼

唐物商法、輸送手段、砂糖の流通、金融という琉球の基本的な経済活動の生殺与奪権が島津家によって掌握され、島津家はそれを年限を設けながら認可し、琉球に服従を強いる仕組みが作り上げられていることがここでもまた明らかとなる。

一八四二年は、このほかにも欠くことの出来ない重要な使者の派遣が続いている。その第一は、将軍家慶

の将軍襲封を祝う使者の参府である。当初、御祝使は一八四〇年に派遣が企図されたが、この年に延期とされ、浦添王子朝憙（正使）・座喜味親方盛普（副使）らが派遣された。第二は、島津斉宣（大慈院）の死去にからむもので、まず鹿児島へのご機嫌伺いの使者として仲村親雲上朝儀が立てられ、ついで「御香奠之使者」国頭按司正康、「御弔之御使者」国光寺笠胤長老の派遣が続いている。第三は、中城王子の上国猶予に対する御礼使で、浦崎親方政行が鹿児島に赴いている（『世譜』附巻六〈一〇四〜一〇五頁〉、『御使者記』）。

一八四四年はいよいよ中城王子名代の王子が上国の予定であった。しかし事情があって来夏ということで島津家と了解がとりつけられた。延期の事情についてははっきりしないが、推測するに前年からこの年にかけての相次ぐ異国船の来航が影響したものと思われる。すなわち、一八四二年頃から異国船が水・食料を求めて頻繁に寄港するようになり、王子名代の上国予定の一八四四年の三月には、渡来したフランス・インドシナ艦隊の分艦アルクメーヌ号（艦長デュプラン）が宣教師フォルカードを送り込んできていた。さらに一八四六年四月になると、イギリス人宣教師ベッテルハイムが来島、ついで五月にはフランス・インドシナ艦隊提督セシーユによって和好・通商要求を突きつけられていた。そんな中琉球では一八四四年八月二一日中城王子尚濬が死去、ついで一八四七年九月一七日に国王尚育が他界するという不幸が続いた。

一三　実現されない使者参府

1．相次ぐ参府延期

尚育王亡き後、王位には、翌一八四八年（嘉永1・道光28）第二子の尚泰が即位したが、尚泰はまだ六歳であったため、王政の舵取りは摂政・三司官らが担うところとなった。まず旧慣にしたがって、尚泰の王位継承を認めてもらった御礼使の江戸派遣が挙行されることとなり、その費用として銀八〇〇貫目は島津家から拝借した（『登御状写　道光廿九年己酉　嘉永二年』。以下『登御状写』と略記）。しかし問題はその後の冊封使を受け容れるための費用をいかに捻出するかにあった。島津家も琉球の窮状を汲み、四九年の砂糖の出荷高をこれまでの二五万斤に加えてさらに二五万斤増すこと（重み登せ）を許し、また一八三八年の冠船来航の折の貸し付け銀の返済残りについては、この年（四九年）より三ヶ年賦上納を認めている（『登御状写』）。それだけではない。使者参府の年となった一八五〇年には、すでに述べたように、この年を期してこれまでの年頭使の使者七ヶ年兼務制を一〇ヶ年兼務制に改め、一時留め置いた砂糖の三町（上町・西田街・下町の城下三町）入札制を復活し、正使・副使にそれぞれ乗り船一艘ずつ、ならびに正使荷方船一艘の登せ方を許可するなど、琉球側の財源確保がスムースに行くよう経済的規制緩和を行っている（『御使者記』）。

これまでの一連の流れと合わせてこうした事実をみると、島津家による経済的な面から琉球支配の実をあげる戦略は、この段階では実効をあげ得ていなかったということができるのではあるまいか。一度規制の枠を緩めると元に戻すのはなかなか容易ではない。そのことはまたあとで見ることにする。

さて、一八五〇年の尚泰王即位の御礼は、正使玉川王子朝達（尚慎）・副使野村親方朝宜（向元模）ら九九人でとり行われ、翌五一年二月に帰国におよんだ。ところがそれから二年後の一八五三年（嘉永6・咸豊3）六月、今度は将軍家慶が死去し、家定が即位したので、その御祝使の派遣が一八五五年に計画された。島津家より銀一〇八〇貫目の融通を受けてのことである（『御使者記』は八〇貫とするが、ここでは『江戸立ニ付仰渡留』によった）。正使には伊江王子朝忠、副使には小禄親方良泰が任じられ、両人に率いられた使者一行は五月一九日那覇を発ち、二九日に鹿児島に到着した。ところが鹿児島滞在中の一〇月二日に江戸で大地震が起き、そのため江戸立は三年後に延期され、一行は翌五六年にひとまず帰国せざるをえなかったのである（宮城栄昌：一九八二年〈一九頁〉、麻生伸一：二〇〇八年〈二四五〜二四六頁〉、ティネッロ・マルコ：二〇一四年〈一三七〜一六七頁〉）。

一八五八年伊江王子は五月二七日に再び鹿児島に至り、江戸に赴く準備をすすめた。しかしこれに対して、幕府は「国事多端」を理由に琉球使節の参府を容易に認めようとはしなかった。琉球には「国事多端」と説明されただけであったが、紙屋敦之氏によれば、この時幕府は島津氏が使節を隠れ蓑に軍事行動を決行することを恐れたためではないかと指摘している（紙屋：一九九〇年a、同：一九九〇年b）。事実これ以降琉球使節の参府一件は島津家が幕末の政局に深く関わっていく中で、次第に参府の機会を失っていくことになる。

参府が叶わなくなった伊江王子は仕方なく九月一六日に琉球に戻ったが、実はこの間に予期せぬ出来事が相次いで起こっていた。幕府では将軍家定が七月六日（八月一四日公表）に病死、いっぽう島津家では七月一六日に使者一行を召し連れるはずの島津斉彬が急死していた。このあと幕府では一〇月二五日に徳川慶福（家茂）が将軍職に即き、島津家では一二月二八日に島津久光の長子茂久（のち忠義）が藩主の座についたので、琉球としては双方へ御祝使を派遣することになった。五九年にはひとまず国頭王子正秀が島津茂久の家督相続を祝い、かつ徳川慶福の将軍継嗣に対する祝意を伝える使者として鹿児島に派遣された（『御使者記』、「世譜」附巻七〈二一四頁〉）。そして翌一八六〇年（万延1・咸豊10）に伊江王子があらためて慶福の将軍即位の御祝使に任じられ、二年後の参府の時を待つところとなったのである（宮城：一九八二年〈一九頁〉）。

この年、島津茂久は初めての参勤交代のため三月十三日江戸へ向けて鹿児島を発った。ところが途中の二一日、筑後松崎で桜田門外の変の報に接し、藩士有村次左衛門が大老井伊直弼の襲撃に加わっていたことを知り、病と称して鹿児島に引き返した（佐々木克：二〇〇四年〈七〇頁〉）。五月三日には一八六二年（文久2・同治1）に予定していた琉球使節の参府も、当時府内には外夷が多く入り込み、日本と琉球の関係が清国へ露見してしまう恐れがあることを理由にして延期を願い出た。これに対して五月六日、幕府は老中久世広周の名でやはり「国事多端」を理由に島津家に使節延期を通告してきた（『忠義公史料』第一巻一八四号、宮城：一九八二年〈一八～一九頁〉）。幕府からの回答が届くと、島津家は六月琉球に対し、「天下多事」で幕府には慶賀の使礼を受ける暇がない、当家も参勤の中途から引き返さねばならないありさまである、と非常事態に見舞われたことなどをあげ、延期を告げた（『忠義公史料』第一巻、一八四号）。要するに、漠然と前回同様幕府の「国事多端」を理由にあげるのであるが、実際は佐々木克氏が明らかにするように、主な理由は後者の大老井伊直弼襲撃事件の詮議を回避することにあったとみられる（佐々木：二〇〇四年〈七〇～七一頁〉）。

島津家では一八六一年になると藩政の実権は茂久の実父久光の手に移る。その久光はこの年一〇月に御小納戸に登用した堀仲左衛門（伊地知貞馨）を江戸に送り、芝藩邸に火をつけさせて茂久の出府延期の口実を作っている（佐々木：二〇〇四年〈七三～七四頁〉）。これによって、六二年の茂久の参勤が無くなり、必然的に琉球使節の参府儀礼も立ち消えとなった。

参府は一八五五年、五八年、六二年と三度にわたって計画されながら、こうして結局は挙行をみることはなかったが、しかしながら一〇〇人近くの上国、進上物・進覧物の費用が王府にとって大きな負荷となったことは疑えない。一八五八年の二度目の使者派遣に際しても、島津家に費用拝借が願われたが、家老の島津伯耆（久福）より「この節出府のうえ拝借を願い出られては不都合である、その考えをもって旅用金は（琉球独自で）手当し、無分別なことを申し出ないように、万一願い出ても一切取り上げない」（「此節出府之上拝借等願出候而者、別而不都合之事候間、其考を以旅用金屹与致手当、右躰不勘弁之儀共申出間敷候、万一願出候而茂一切御取揚有之間敷候条」）、と釘をさされている（麻生伸一：二〇〇八年〈二二四頁〉）。参府のための入費のうえに琉球の拝借銀まで調達させられてはたまったものではない、とつれなくされた王府がとるべき途は、もはや琉球館用聞たちに全面的に依存するほかなかったといえるであろう。琉球支配実体化のもっとも重要な装置である将軍御目見（おめみえ）儀礼は、政治的にも経済的にも維持が困難に追い込まれつつあったのである。

2. 唐物勝手商売御免

そうした借財の途さえ細る王府をさらに窮地に追い込んだのは、一八四四（弘化1・道光24）年以降のフランス船をはじめとする異国船の頻繁な来航であった。このため、国許や清国への状況報告のための使者、飛船の差し立て入費は嵩んだ。とりわけ鹿児島へは斉彬の死去、茂久の当主継承についで、一八五九年（安政6・咸豊9）九月の隠居斉興の死去などがあり、五九年から六三年（文久3・同治2）にかけては年頭使の兼務とすることができない王子・按司・親雲上クラスの使者、それに御弔僧などの派遣があいついだ。こうした入費には、当初は冠船受け容れのために準備した金が当てられた。しかしそれでも賄えず結局館内借銀にあおぐほかなく、琉球館の総借銀高は一万一九〇〇貫目にも膨らんだ（「案書　同治八年己巳」七四－五号〈一七六頁〉。以下「案書」と略記する）。

冠船料は三ヶ年賦返上の約束で来年までに返済しなければならないという状況のもと、六二年（文久二・同治元）の「江戸立」の予定で借りた拝借銀については来る丑年（一八六五）から巳年（一八六九）まで五ヶ年間、これまで通り無利息で返済延期を願うほかない、という事態となった。かくして島津家と交渉することになった。確かな記録はないが、その役目を担ったのは五九年派遣の年頭使宮平親方良義ではなかったかと思われる。宮平は使者兼務制の一〇ヶ年の延長とともに、拝借銀返上期限の延期を願って許されたとみえて、翌年（一八六〇・万延元・咸豊10）の年頭使安村親方朝昌は御礼言上におよんでいる（『御使者記』）。

しかし、それでも現状を打開するにはほど遠かったため、やはりこれまで同様島津家の経済的な規制の緩和、ならびに金融援助措置にすがっている。例えば、一八六一年の年頭使高嶺（たかみね）親方朝行の役目は、次のような案件が認められたことに対する御礼言上が中心をなしている（『御使者記』）。

①出物の御用布の御用物への換算にあたっては去年（一八六〇）から先七ヶ年の間、米一石銀六三匁値段を基本とされた

②渡唐銀の目算を誤った分について、格別の御仁恵をもって古銀一三二貫目の拝借を仰せ付けられた

③紅花は以後産物方の扱いとし、一万斤につき金六〇〇両ずつ琉球に支払うこととされた

④焼過砂糖について、当年より二ヶ年の間五〇万斤ずつ、これまで通りの扱い方で重み仕上せを認められた

⑤館内蔵方届けならびに諸士自物砂糖にかかる手形銀は、当年より先二ヶ年の間これまで通り免除を仰せ付けられた

⑥定式楷船・運送船四艘のほか運送馬艦船一艘、当年（一八六一）より先五ヶ年間登せ方を許された

またこの年、渡唐銀の吹き替えのための雑用銀を補う目的で、焼過糖三〇万斤を三ヶ年にわたって重仕登せとすることを認められ、鬱金についても以前の通り産物方の扱いとするものの、売り上げ利潤の二割を給することが認められ、翌一八六二年（文久2・同治1）の年頭使者伊舎堂親方盛喜は、それらことについて御礼言上におよんでいる（『御使者記』）。

こうした手立てが講じられたことを背景に六三年、六七年には王子使者の上国が挙行されている。六三年上国の王子は与那城王子朝紀で、島津久光の御剣拝領、順聖院（島津斉彬）の従三位権中納言追贈の御祝儀、そして逗留仏人が平穏理に引き取られたことに対する御礼等を目的とするものであった（「世譜」附巻七〈一一五頁〉、『御使者記』）。いっぽう六七年には、具志川王子朝敷ならびに豊見城王子朝尊が同時に派遣をみている。具志川王子は島津茂久の朝廷よりの御馬・御鞍拝領、公儀よりの大小（刀剣）の拝領、そして父久光の公儀よりの御馬・御鞍・御刀拝領、従四位上中将叙任などを祝するために派遣されたものであった。いずれも島津家当主ならびに実質的な権力者にかかわる慶事があって王子使者の派遣となった（『御使者記』、「従大和下状　同治四～光緒五年」一九二・一九三号、〈三七七頁〉）、「世譜」附巻七〈一一七頁〉）。これに対し豊見城王子の場合は

一八六六年、冊封使趙新（ちょうしん）（正使）・于光甲（うこうこう）（副使）の迎接を首尾よく果たすことができた御礼を示すことを目的とするもので、これも島津家の承認を要した重大な国家行事であったことで、王子使者となったのである。

一八六七年はほかに年頭使として川平親方朝範が派遣されている。使者兼務案件として、清国同治帝よりの御額字下賜に対し進貢兼務で謝恩の意を表することを認められた御礼、将軍家茂薨去に対し弔意を示すことなどがみえるが、見過ごすことができないのは『御使者記』の次のような記事である。「今般厚き思し召しをもって、これまで（のカ）唐注文品の勝手商売仰せ付けられ、唐への持ち渡りの品々、以来御世話下さるべき旨仰せ出され候御礼」。すなわち、史料の通りとすれば、唐への注文品は琉球が勝手に商売してよい、唐へ持ち渡る商売品も鹿児島藩庁が世話をするということになる。このことは「世譜」附巻に見えずにわかに信じ難い話であるが、ほかに裏付ける史料が存在する。次に掲げる一〇月一三日付の琉球摂政・三司官あて二階堂源太夫書状がそれである（「従大和下状　同治四〜光緒五年」三一三号〈四一九頁〉）。

一筆啓達致します。唐物勝手商売御免仰せ付けられた御礼として、川平親方を差し上せられ、国王様より尊書と特別に目録の通りの品物を下されたこと、かたじけなく思います。右の御礼を申し上げるためこの通り書をしたためます。この旨よろしくおとり成し下さい

一〇月三日（慶応三）

二階堂源太夫

与那城王子様

譜久山親方様

宜野湾親方様

川平親方の御礼言上に対し、島津家の取次役と思われる二階堂源太夫が摂政・三司官に宛てたこの書状によって、唐物勝手商売御免は間違いないものと受け止められる。それはおそらく長崎開港にともなって長崎会所が機能消失をしたことが関わっているのであろう。二五〇年近くにおよんだ貿易統制は、ここに撤廃されたということになる。ただし、この案件でひっかかるのは唐へ持ち渡るのは藩庁が世話するということである。その意味することについては後に触れることにしよう。

一四　使者派遣制の変革

1．中城王子の御目見宥免願い

この頃、財政問題もさることながら王府を悩ませていたのは王位継承者である尚泰王嫡子中城王子尚典の御目見問題であった。あまりはっきりしないが、いくつかの史料を総合して見ると、一八六七年にはこの件について島津家から打診があったものと思われる。尚泰王は一八六八年（明治1・同治7）「唐之首尾御使者」として上国することになっていた与那原親方良恭に、島津家との間に尚典の御目見免除交渉を指示しているからである（「世譜」附巻七〈一一七～一一八頁〉）。

尚典は六四（元治元・同治三）の生まれで、明治元年には五歳になっていた。琉球王府がこの年早くも御目見の宥免運動にのりだしたのは、当初から四一年（天保12・道光21）の例にならって宥免を認めてもらう腹づもりにしていたからだと思われる。尚濬の上国は免れたものの、四二年（天保13・道光22）には徳川家慶の将軍即位の御祝使の派遣があり、それから八年後の一八五〇年（嘉永3・道光30）には、すでに述べたように琉球では尚育王から尚泰王への王位の交代があって御礼使を立てねばならず、財政的には消耗が激しかった。このため、与那原は鹿児島に上着すると、七月二日田中徳水（後の県典事）に相談したところ、それならばという訳で議政所調役竪山郷之丞を紹介され、そして竪山は昵懇（じっこん）の間柄の琉球掛桂右衛門を頼み、藩庁と交渉が行われることになった。与那原の内意書ならびに太子時代の上国の有無などの書付には田中・竪山によって朱が入れられ、清書のうえ桂に渡されたが、内意書の「手扣」の内容は次のようになっている（「乍恐極御内分より申上候手扣」『御上国御容免一件御内用日記』。以下『御内用日記』と略記する）。

①国王嫡子も当年で五歳になったので追々成長次第上国し、御目見の儀を行うことになるはずで、国王にもその心得でいるが、荒波の遠海を渡航することは親子の情合として忍びがたく、甚だ憂慮し、役々はじめ国中一同で心配している

②琉球は、往昔は日本の支配下になって間もないことゆえ、お心遣いの訳もあったことだろうと拝察する。それならば数百年来御大恩を蒙り、今日にいたるまで連綿と国中が安堵しているのは全く御国恩ゆえのことであり、国王はじめ一同有り難く思っていて、島津家を粗略に思うことは毛頭ない

③もちろん嫡子上国の次第も別紙抜き書きの通りで、その内尚文佐敷王子、尚純中城王子の上国は当時の扱いはほかの王子、または按司使者に相当する。かつ尚豊王嫡子尚恭は二〇歳で卒去したが上国はしていない。また寛永年間（一六二四〜四四）以降、国王の嫡子でありながら年が若く上国せずして直に王統の相続を許された事例も数多くある

④先の国王嫡子中城王子（尚濬）も上国は一世御宥免を仰せ付けられ、王子家柄の者が名代として上国、相当の進上物を差し上げ、御礼を申し上げるようおっしゃられたことは、大きな御仁恵として忘れない。そのような訳でこのたびも国王の情合をお察しになり、嫡子上国を御宥免願えれば一同安堵する。

⑤嫡子上国、御目見を仰せつけられることは国王はじめすべての者が本意とするところであるが、荒波の遠海を航行することを国王は憂苦し、国中一同心配に堪えかねるところから黙って見過ごすこと

ができず、歎願におよんだ事を憐察いただきたい

⑥寛政年中（一七八九～一八〇一）よりはじめて臨時の祝儀御礼などにつき、それぞれの使者を差し上げることを免じ、在番親方への兼務を仰せ付けられた時もご特段の配慮がなされた。右の願いも表向き訴えることができないため、密かに上国のうえごく内々に賢慮を御願い申し上げる次第である

田中・竪山らが手を入れたこの修正文では以上のような内容となっているが、本来の与那原が示した原案には①と③の間に次のようなくだりが存在していた。

上国料は先例（一七七三年〈安永2・乾隆38〉の尚哲の上国）は六〇〇〇貫目ほどとの書留がある。今日諸物価が高騰しているので大分増すと予測されるが、琉球はこれ以前に吉凶大礼の物入りが打ち続いている。異国一件でも不意の入費で際限なく難渋におよんだ。去々年（一八六六〈慶応2・同治5〉）の冠船料については前以てありがたく古銀の拝借を仰せ付けられたけれども、諸物高騰につき先例の五、六割増しほどにもなり、館内で押して借銀をもってとり償った。その結果、館内借銀は一万三〇〇〇貫目余の嵩みとなり、国不相応の大借となった。当分の成行では大分の上国料をどのように調達すべきか、摂政・三司官・役々も深く憂慮している

すなわち、これまでの記録から経費が嵩んだといわれる一七七三年の中城王子の上国に続いてその後の異国船渡来、冊封使船の受け容れなど入費の膨張を余儀なくされる事態にみまわれ、積もり積もった琉球館の

借銀高の処理が出来ない苦境が強調されていた。しかしこの部分は原案から抜かれて「覚」にまとめられ、別紙添付のかたちとなった。

原案ではむしろこの部分が中城王子の上国免除を願う大きな理由であったはずであるが、それが取り下げられたのはなぜか。確かな理由はわからないが、推測するに、重要な服属の儀礼の中止を銭金(ぜにかね)の問題とすると歎願が受け容れられなくなるのでは、という配慮が働いたものと考える。七月二五日、小波津親方と川平親方が内願書ほか七三年以降の入費の動向に関する「覚」、高家の者の上国に関する「覚」など三通を桂右衛門のところへ届けると、桂も内願書をみて「御親子の情合左もこれ有るべし」(『御内用日記』)と理解を示したといわれるから、親子の情愛を訴えてことを成就しようとしたことになる。

ともあれ、こうして藩主に上げるべき文書に桂は満足の意を表したが、桂は帰館しようとする小波津と川平に「御国元の御慶事などにつき、その時々使者を派遣してきては時節柄差し支えるので、以後は二、三年も見合わせ、なるべく兼務のかたちで済ませたらどうか」(『御内用日記』)と提案している。桂の言によれば、島津家としては、使者派遣のことを含めて進物・進覧物の献呈なども簡易の方向へ改めようとしていたようである。

一八六八年八月一五日(明治1・同治7)にいたって、桂は「国王嫡子上国の件は御容免になられた。ついては来る夏中城王子の名代として他の王子家柄の者が上国して御礼を申し上げるよう仰せ出された」と、書付をもって示してきた。名代の者による御礼言上でよしとされた理由として、「現今の困窮の折柄、上国費用を負担しなければならない国民の艱苦を見過ごすことができなかったため」と述べられ、続いて、王子の年頭の祝儀は来年より先規のとおり書翰をもって済ませるように仰せ付けられたので、国王はじめ役々の者が有り難く承知するよう上国中の与那原が帰国のうえ申し伝えるように、と指示がなされていた（『御内用日記』八月一五日の条）。つまり使者派遣制度そのものの改革が求められていたのであった（「案書」七四四号〈一七四～一七六頁〉）。

2. 使者派遣制度の変革

このことについては、八月二三日付で与那原親方が摂政・三司官に宛てたものと思われる書状で、次のように述べている（「案書」一四九－二号〈二四六頁〉）。

一　今日（八月二三日）、桂右衛門殿にお見舞いのため参上した折、おっしゃられるには、「琉球は何事も先例というが、現在は変革の時であり、先例通りには行いがたい。太平の世になればおのずと議論もされるであろうが、現在は変革しなくては済まないことである。鹿児島と琉球とは親子の国で、いまの世、何か国力の及ばない時となればいずれは琉球にも相応の事をしてもらわなくてはならない。ついては平日は何かと省略を心がけ、さし当たり御奉公を支障なくあい済ませるよう、先達ての内願に対しても倹約を申し渡した次第である」とのよしである

一　また桂よりは、「琉球は何か願い事がある場合は礼物を過当に進上するが、それはよくない。（琉球掛である私は）琉球のためにいろいろと取り計らうのが職分なので、私に何かにつけて礼物を過当に進上しないように。過当な礼物は外からの見受けもどうかと思われる。そのことは在番親方にも

とくに申し達するように」と示達された

一　太子様の上国御容免に対する進上物は、太子になって初めての物なので格別に先規の通り取り計らって欲しいと申し上げたところ、特別に了解された

すなわち、何かと先例を持ち出してくる琉球に対して桂は、太子による初進物は格別であるとしてこれを収めることを表明しているが、それは例外であり、今は変革の時であることを強調して、使者の兼務、進物の省略をうながしていたことがわかる。

薩摩藩からの指示に対して琉球側より、国王・中城王子、摂政・王子・三司官より藩庁役人に対する諸儀礼のありかたについての問い合わせがなされ、これに対して回答を得た琉球館聞役里村藤太夫・在番小波津親方は、明けて一八六九年四月にそれを琉球に伝える書を作成している。要旨を述べると以下の通りである（『御国元御変革付御届向一件抜書　同治八年巳九月　一冊』。以下『御届向一件抜書』と略記する）。

①これまでの国王より御老中または琉球方掛御家老衆に宛てられた書翰は参政宛とすること

②国王よりの家老衆・若年寄衆・琉球方掛御用人衆に対する年頭の御祝儀ならびに音信、大目付衆への年頭御祝儀の付け届けはやめ、参政への書翰だけとする

③これまで使者派遣の際御三役・琉球方御掛御用人衆に書翰・進覧物を差し上げてきたが、以後それにはおよばない

④国王よりの御三役衆・琉球方掛御用人衆の就任祝いはいらない

⑤来年より差し上げられることになる中城王子の老中宛の書翰・音信についてはやめ、参政宛の書翰のみとする
⑥従来の摂政・三司官よりの御家老衆・琉球方御家老衆・御用人衆宛書状・届書は伝事宛に差し出すこと。
⑦従来の御側役衆宛の書状は知家事(ちけじ)宛とする
⑧これまで摂政・王子・三司官より御家老衆あてに、年頭の御祝儀等につき披露状(主人への披露を頼む形をとる書状)、音信・進覧物を差し上げてきたが、今後は披露状を参政だけに差し上げ、そのほかへの書通にはおよばない
⑨上国の使者役々は琉球館へ到着すると、家老衆・若年寄衆・大目付衆・琉球取次御用人衆へ上着の届けを行っていたが、以後は伝事へ届け出ることとする
⑩御目見・年頭の御祝儀、かつなにか御慶事等の節、前条の御役人衆に御礼、御祝詞などを申し上げてきたが、以後はそれにはおよばない

これをみると、従来琉球国王・中城王子、摂政・王子・三司官らより島津家の家老以下諸役人に宛てられていた伺い・届けは、以後六九年二月に制定された職制にもとづいて参政(庶務すべてをつかさどる)・伝事(内外の雑多な事務に関与)・知家事(従来の用人にかわるもので、島津家の家務をつかさどる)を宛所とすることに改められている。そして、注目されるのは、伺い・届けに際して慣例となっていた進物・進覧物の献上が廃止されたことで、琉球にとってはそれが最大の関心事であったことは、この後の動きからわかる。

六九年五月二〇日付で宜野湾親方・与那原親方・譜久山親方ら三司官が琉球館聞役里村藤太夫、在番親方

小波津親方（古）・浦添親方（新）に宛てた書翰によれば、琉球駐留の在番奉行附役らより次の様な通達があったことが記されている。「御国元の簡易の処置については、御当地（琉球）においてもそれに拠らざるをえない。①毎年の在番奉行の爬龍船競争（航海の安全や豊漁を祈願して行われる漁船の競漕行事）見物は無駄なので在職中一度とする。②渡唐役者との間には互いに土産などの遣り取りがしきたりであったが、これをやめる。③ほかに余計の失費のことがあれば遠慮無くひきとる」（「案書」一〇五号〈二一一～二一二頁〉）。

こうしてみると、一八六八年を期して島津家は、出先の琉球在番奉行所を含めて従来の薩琉間に築かれた儀礼をめぐる因習に改革の手を加えようとしていたことになる。ところが、そうした藩庁の動きに対して、琉球ではまた在番所役人の接待、音物の遣り取りは古来よりのしきたりであると主張し、もとに戻させている（「案書」一〇五号〈二一一～二一二頁〉）。先の太子名代の王子使者の派遣にあってもその進上物がはじめての場合は格別につき、先規通りの取り計らいとするということを願っている点（右同一四九－二号〈二四六頁〉）からしても、どうやら琉球側としては使者の兼務はやむを得ないとしても、進物・進覧物の進献だけはこだわったふしがみえる。

これに対して、琉球館在番の浦添親方は、一八六九年九月一一日付で三司官譜久山親方・与那原親方・宜野湾親方に宛てた書状で、「先例通り役人衆への進覧物の進献がかなわないかどうか検討してみたが、易簡公正という改革の処置は鹿児島に限らず日本すべてにわたるものである、朝廷への献上物も年々常例とてはなく、重要な御祝儀・御礼などの節も軽き品を一、二種を献上しているに過ぎない、島津家の諸官人衆への進覧を願わないからといって都合を損なうことはない」と、この問題についての見通しは甘くない旨返答している（『御届向一件抜書』）。

しかし琉球王府はひるまない。「参政衆は格別なる役職で、琉球に関する御用筋などをお取りあげになるので、国王・中城王子、摂政・王子・三司官より御役就任の御祝儀、年頭の御祝儀には音信として軽き品を一種ずつ、または書状などを差し上げたい」とし、琉球館聞役里村藤太夫と在番の浦添親方らに交渉を指示、両人は翌七〇年(明治3・同治9)正月、藩庁に歎願書を提出している(「御内分より奉願候口上覚」『御届向一件抜書』)。

これに対する島津家の回答はこれまで同様だったものと思われ、琉球王府ではさらに中城王子上国容免の御礼使として同年派遣されることになった今帰仁王子らの交渉に期待をかけている。今帰仁王子・惣大親富川親方盛奎、年頭使で新在番の玉城親方盛宜、三司官宜野湾親方朝保ら一行は六月一七日那覇を出発、六月二二日には鹿児島前之浜に上着、交渉は七月に入って宜野湾を中心になされた。しかし結果は、御一新の掟に差し障るとする大参事橋口與一朗・西郷吉之助らによって斥けられ、伝事田畑平より情況を知らされた宜野湾らはついに再願をあきらめている(『御届向一件抜書』)。

こうして藩重役らに対する進物・進覧物の進献の廃止は確定するにいたったが、いまひとつ明確になっていない問題に「唐之首尾御使者」の案件があった。進貢の使者が中国皇帝からの頒賜物の一部を携えて進貢の首尾を藩主に報告するこれまでの慣行をどうすべきか、島津側も頭を痛めていたものと思われる。七一年七月の廃藩置県の断行を機に、琉球王府と薩摩藩との間で議論になりはじめたのであろう、翌年一月二五日付で、琉球館聞役里村藤太夫・在番池城親方より琉球王府の摂政与那城王子ほか三司官にあてられた書状には、そのあたりの事情がうかがえる。それには、今般廃藩が仰せ付けられたことで、「唐之首尾御使者」を派遣してよいものかどうか御相談すべきだと思い、藤太夫をもって書記の橋口権九郎殿へ内々に申し上げたところ、伝事上村休助殿を通じて以後使者も進上物を差し上げるには及ばない、と却下されたことが記されている（『御届向一件抜書』）。ところが、琉球側でその後やはり歎願を行い、この一件については要求を認めさせるのに成功している。薩摩藩が琉球王府の要求を受け容れたのは、この一件は「何ぞ改革にかかわるようには見えない」というのが理由であった（右同）。

以上みてくると、財政窮迫に苦しみながら、古い規式の維持にこだわったのはむしろ尚家のほうであったことがわかる。琉球諸島の支配を変わりなく維持しようとする尚家にとっては、それを支えている島津家との政治的関係に変化があってはならず、そのためにも儀礼の希薄化は極力避けねばならなかったのである。

3．使者兼務制の延長

一八六八年七月二五日付の桂右衛門との遣り取りについて報告をうけた摂政与那城王子・三司官宜野湾親方・与那原親方・譜久山親方らは、翌六九年五月七日付で琉球館在番の浦添親方朝昭に宛てて次のような指示を与えている（「案書」七四－六号〈一七七～一七八頁〉）。

使者兼務については当年で年限が満つので、来年よりは御慶事御礼などそれぞれの案件ごとに使者を差し上げることになるはずであるが、自分（浦添）も知っているようにこの前は江戸立・冠船来航など臨時の莫大な物入りで、そのほか御国元・唐へも例外の使者派遣ごとなどが多く、あまつさえ異国一件で非常の入費を毎年引き負うところとなった。特に去る寅年（一八六六・慶応二・同治五）の冠船渡来に際しては度重なる出物などを仰せ付けられ、力を尽くして手当をしたが、諸物格外の高騰となり、入費は先例の五、六倍ほどにも増した。そのうえ、それ以前の異国一件にかかわる臨時の使者派遣などで不意の入費となり、緊急の事態で費用のやりくりができず冠船料の内からも使い込んだ。〈それでも〉その手当がなかなか行き届かず、御国元よりの御銀の拝借、館内才覚などをもってようやくながらとり償いができた。〈しかし〉ますます借財があい嵩み、難渋の末、去々年御国元へ王子使者二頭差し上げられ、去年は法司・王舅が上国、それぞれの派遣費用は過分におよぶところとなった。そうしたいろいろなことに加えて辰（一八三二年〈天保3・道光12〉）・戌（一八五〇年〈嘉永3・道光30〉）・午（一八五八年〈安政5・咸豊8〉）の江戸立ちの度ごとの拝借銀も今に完済できず、館内時借（短期に返済する約束で借りる借銀）を合計すると、誠に国力不相応の大借となったところへ、またまた、来年中城王子様名代王子、ならびに三司官が上国することになった。この儀についても大分の物入りで、御当地・館内ともますます難渋となるのは明らかで、先々どのように埋め合わせるべきか心配している。ついては来年よりそれぞれ案件ごとの使者を差し上げることは考えることができないので、これまでの通り引き続き兼務を仰せ付けられるよう内々に働きかけてもらいたい。

この件は〈国王の〉思し召しをもって仰せ付けられたことで、ここもと〈琉球〉からは歎願し難い。上国する小波津親方とも相談し、何とぞ来年より先一〇ヶ年ほど是までの通り兼務仰せ付けられるよう御役々衆へ委細御内意を申し上げ、願いが成就するよう取り計らいたく、このことを申し達する

五月七日

すなわち、ここでは一〇ヶ年の使者兼務制の年限明けを迎えることから、浦添親方にその延長に尽力する

よう新たな使命を与えていたのである。理由としては、これまでの入費膨張の事情が説かれているが、同人あての別の「口達」(「案書」七四-五号〈一七六～一七七頁〉)によれば、戌年(一八五〇年〈嘉永3・道光30〉)、「江戸立」の費用に窮した王府は、島津家より古銀八〇〇貫目を無利息で拝借したが返却できず、五年ごとに期限を延長し、六九年のこの年、二〇年目に入っていた。なんとか来年よりは返上したいと願ったものの、三二年以来四度の「江戸立」、冠船の受け容れなどで莫大の出費となり、それは困難な状況にあったのである。

ここで四度の「江戸立」とするが、五五年(安政2・咸豊5)に企画された家定の将軍即位を祝う使者派遣は実現していないから、実際は六九年までの「江戸立」は三度である。ただ、一八七〇年に予定されている今帰仁・玉城・富嶋ら三使の鹿児島上国は参府に匹敵するほどの入費が見込まれるものであったことは間違いない。そのためであろう、この年(六九年)の正月一七日、王府は諸祝儀に際しての招待人数、料理等を減ずることなどを宣するとともに、一四ヶ条にわたる質素倹約令を国中に触れている(『明治二年正月～三月中日記』)。使者兼務制はそうした改革政策にかなうものであったため、翌七〇年(明治3・同治9)に鹿児島藩より延長が認められている。

六月の今帰仁王子以下の使者派遣はそれに対する御礼言上を兼ねたものであった。その人数がどれほどになったのか明確ではないが、宿所の琉球館を出入りするために要する「門通札」の発行数が一四五(『琉球館日記　明治三年』以下『琉球館日記』と略記する)とあるから、名代随行の者達だけでも「江戸立」の一〇〇人前後におよんでいたのではあるまいか。一行を迎えた琉球館では館が御城に近く、そのうえ上町にも近いところから火の用心が通告されているが、その中で「この節多人数上国につき、木屋を数々造り立てているので火の用心に念を入れるように」と述べていることからも、上国人数が多く、臨時の木屋立てがなされていたことがわかる（『琉球館日記』）。

七月二二日、鹿児島城において使者の引見となり、名代今帰仁王子・三司官宜野湾親方・新在番玉城親方・王子惣大親富川親方・「唐之首尾御使者」富嶋親雲上ら使者を構成する者たちは唐装束、古在番の浦添親方ほかすでに駐在の役々は琉球館聞役里村藤太夫の案内のもと琉官服で城に上っている（『琉球館日記』）。進物の中に馬も登場するほか、藩主への御膳進上もあり、使者の出で立ちや進上物・進覧物進献の儀礼は「江戸立」に擬せられていることがわかる。これは薩摩藩の改革令に反するものであった。島津家でこの時の膳部は御一新を強調し、旧格を改め二汁六菜の「諸事軽目」に調えることにしている（『琉球館日記』）。旧来の儀礼のしきたりにこだわる琉球王府と、旧規の変革をめざす島津家との間の思惑の違いがここにもあらわれていたといえる。

一五　「琉球処分」前夜の鹿児島藩（県）の動向

1.「産物方」から「生産方」へ

今帰仁王子らの上国に際しての儀礼の簡略化は、維新後鹿児島側の琉球に対する対応のありかたについて一つの変革の側面を示すものであったが、それはもっと基本的なところで新たな動きが始まっていた。たとえば一八六九年（明治2・同治8）の「産物方」の「生産方」への改称がそれである。「産物方」よりも「生産方」のほうが従来の南西諸島の特産品を開発し、あるいは技術的な改良を加えて付加価値を高めるようとする意図が嗅ぎ取れる。役所名の変更にそうした意図が籠められていたかどうかはよくわからないが、ここではその後の琉球側で起こっている変化に注目したい。

六九年三月一〇日、薩摩藩より森清助なる人物が琉球に送りこまれている。そのことを記した評定所の日記は森の肩書きを「産物方横目」と記している。当初、琉球側に知らされた情報はそうだったのであろう。ところが森は到着後落ち着いた頃の三月一八日、薩摩藩では「産物方」を「生産方」と改称し、自分は「生産方副役」として来島した旨を告げ、琉球にもそのように役所名を変更するよう求めてきた。「生産方」の発足、森派遣の意図がどこにあったのかについては史料的に明確にできない点が多い。ただ、三月二三日付で伊集院親雲上と賀数親雲上から御鎖之側あてに、「『生産方』より昆布座囲い内の空いた敷地に、砂糖蔵を造りたい旨の相談があった」との報告がなされているから（『明治二年正月〜三月中日記』）、その意図するところは砂糖をはじめとする琉球特産物の生産振興にあったことはおよそ想像がつく。

六九年の発足当初の「生産方」の動きについてはこの程度のことしかわからない。ところが、同年一二月を期して、「生産方」の中核となる本占御用聞ら(もとじめ)による宿舎の確保をめぐって、琉球側との交渉が展開されており、それを見ると新しく誕生した「生産方」の実像がもう少し見えてくるので、双方の遣り取りを追ってみることにしよう。まず一二月に、本占御用聞から生産方筆者あてに差し出された「乍恐口上覚」(おそれながらこうじょうおぼえ)(『明治三年正月~三月中日記』)を次に掲げることにする。

①現在琉球の物価は上方・長崎、御国許の鹿児島と較べても格別に高騰し、日雇い賃銭から反布類はもちろん、些細な魚菜にいたるまで昨年の二〇倍、家賃は三〇倍に跳ね上がっている

②薩摩藩においても京都戦争(戊辰戦役)以来引き続き遠国へ出兵し、大層の軍費におよんで諸蔵々は逼迫の情況となった。しかしながら軍役には益々手をつけ、入費もそれに応じて過分になった

③そうしたところへ、この度産物方を廃して生産方が召し建てられ、本占御用聞を一〇人、ほかに御用聞一〇人が置かれた。本占御用聞は生産方へ日勤し、琉球はもちろん上方表・長崎などへ出かけ、御商法の利潤でもって軍費を贖っている

④ところが琉球の物価・家賃は高く、心付けは貰っているものの、とても雑用にも足らず、常々困窮しては奉公の詮もたたないものと、残念に思っている

⑤私ども(本占御用聞)もこの度より付足軽同様の処遇をうけることになったので、御蔵屋敷近辺に借地を仰せ付けられるか、または御用宿を仰せ付けてもらいたい

すなわち、まず①によれば琉球は前年比二〇倍の物価高で、家賃にいたっては三〇倍もの高騰にみまわれたため、たまりかねた本占御用聞らよりの旅宿賃引き下げ願いとなったことがわかる。琉球の物価高騰は②で示されるように、どうやら前年勃発の戊辰戦争がもたらしたものであったことがうかがわれるが、しかしそれだけが原因ではなかったようである。琉球はこの年、三度の台風で諸作毛が壊滅的な打撃を蒙ったため、蔵方の用米も救い米として放出、いっぽうで出来たばかりの「生産方」の貯蔵真米（白米）二〇〇石を買い入れて用米を補わねばならない有様であった（『明治三年正月～三月中日記』）。③によれば「生産方」はそうした情況のなかで「産物方」より模様替えとなって新に発足し、本占御用聞一〇人、そのほか御用聞一〇人をもって運営されることになった。中心となるのはその名の通り本占御用聞で、琉球・長崎・上方をまたにかけて商いに従事、軍費を賄っている、とするが、このあと年が明けて一八七〇年三月に彼らから生産方筆者あてに差し出された「乍恐口上覚」（『明治三年四月～六月中日記』）には次のように触れられている。「本占御用聞一〇人のうち二人は御国元在勤、一人は越後表へ送り、残り七人が琉球に罷り下ることになる。琉球下りのうち一人は御蔵詰めであるから、御用宿については六軒の手当がかなうように仰せ付けてもらいたい」。つまり、本占御用聞のうち二人が御国元詰め、一人が越後在勤、そして七人が琉球で活動する予定で、そのうち一人は御蔵詰めなので琉球が準備すべき宿は六軒だという。こうしてみると、「産物方」から「生産方」への編成替えは、戊辰戦争の最中軍費調達の必要から、「本占御用聞」のもと南西諸島の特産品の掌握をいよいよ確実なものにし、近世において開拓した唐物販売市場の長崎・上方、さらには北陸へ売り込むという構想のもとになされたものと解される。

ところが、旅宿賃の高騰で④に示されるように、「生産方」の中核となるべき本占御用聞の存在すら危うい情況に立ち至っていた。そこで、本占御用聞らは⑤のごとく藩の在番奉行所の付足軽と同様、蔵屋敷近辺に土地を借り上げて宿所を設営するか、上から御用宿を設定するかいずれかを、と願っていたのである。

さて一二月、こうした本占御用聞らの要求が出されると、若狭町村・泉崎村・東村・西村の那覇四町では家主ら一九人がただちに連名で次のような上申をおこなっている（明治三年正月〜三月中日記』）。

①御蔵屋敷近辺に借地になるような場所はない

②那覇の家持ちの面々は宿の貸し賃をもって生計をたてている。近年の物価高騰で窮迫し、禿（つぶ）れる者も出てくると思われるので、土地の借り上げ、あるいは御用宿の設定は用捨願いたい

③用聞衆に宿を提供するとしても、諸物価高騰につき宿賃も一文銭計算の一六、七倍とし、それも時勢に応じて増減するように配慮してもらいたい

那覇四町の家主たちも物価高騰のおり、生計を維持するために必死に反撃をこころみたわけであった。もちろん国策遂行を負わされた本占御用聞らも黙って引っ込んだわけではなく、明治三年二月、再度歎願書を生産方筆者あてに差し出す。その趣旨は前回とほぼ同じであるが、ただその中の次のようなくだりが注目をひく。「当時物価が高騰している中にあって、物によっては下落の傾向をみせている品々もあるが、かれこれひき較べてみると宿料のみが異常に高騰したままである。そのため借家持ちに対して乱暴まがいの行為もあり、ついには火難の心配もあるところから御蔵屋敷近辺へ夜回りが配されるにいたった。それも、元はと言えば宿料一件より生じたとのことである」（「勿論当時諸色高料ニ者有之候得共、追々下落罷成候品々も有之、彼是引

くらへ候得者、宿料のミ格別の違目ニ有之事ニ御座候、夫故年内ニ者借家持之所江狼藉等敷儀茂有之、終ニ者火難之御懸念等も御座候処より御蔵屋敷近辺江夜廻等被仰付候事も、基宿料一件より相生し候由ニ而…」)。(『明治三年正月〜三月中日記』)。

那覇の街では家主に対する乱暴狼藉の振る舞いがあり、火難の恐れさえあって夜回りが配されるにいたったという。那覇の家主に対して危害を加えるのが琉球人とは考えにくいから、そうした振る舞いにおよぶ者がいたとすれば、「生産方」と関わる大和人ということになろう。そのような琉球人家主と本占御用聞らとの間に緊迫した空気が流れる中で、三月、那覇の家主らの変わらぬ主張に対して再び本占御用聞らより上申がなされる。本占用聞らより生産方筆者に差し出された「乍恐口上覚」(『明治三年四月〜六月中日記』)によれば、宿料の件で家主らと折り合うことが困難とみた本占御用聞らは、六人分について、在番奉行所付足軽なみの御用宿の設定を望むようになっていたことがわかる。旅宿には蔵屋敷が塞がっている時は品物を収納してきたが、その場合は旅宿の善悪に応じてあらたに礼銀を添えるとの条件で「生産方」に交渉を依頼している。

ところが、同じ「乍恐口上覚」をみると、交渉案件はそれだけにとどまっていない。あらたに五〇人の用聞たちの宿所確保の問題がとりあげられているのが注目される。その件についての本占御用聞らの申し入れは次のようになっている(『明治三年四月〜六月中日記』、前掲)。

また五〇人株の者も人材を見込まれ、御奉公筋を仰せつけられた者である。不都合なことが生じてはならないので、同人らの旅宿料についても琉球の御物城衆(おものぐすくしゅう)ならびに大和横目衆(「生産方」詰めの琉球役人)が出会って相談し、私達本占御用聞の了解を得たうえで取り決めるようにしてもらいたいこれによると、「生産方」は一〇人ずつの本占御用聞・御用聞のもと、ほかに末端に五〇人の用聞らを株として編成していたことがわかる。おそらく彼らこそ排他的に南西諸島の物産をマーケットに運び、そして見返りとして島々に日用必需品を売り込むことができる権利を株として与えられた特権商人たちであろう。本占御用聞らは彼らの旅宿をも琉球において確保しようとしていたのである。

しかし、本占御用聞の御用宿を確保したいとの申出に対し、宿主は二度にわたって断りに出ている。宿所借り上げ料が折り合わなかったためである。本占御用聞らは合力米（ごうりきまい）（手当）について足軽宿並みの一石としたいと提案したのに対し、那覇四町頭々が提出した四月の「覚」では三石を要求し、宿賃は家の広狭によって高下があるものなので、宿主との相対交渉が適当であることを王府に訴えている（『明治三年四月～六月中日記』）。

これを受けて、琉球王府では「本占御用聞の宿は御用宿とし、足軽宿同様に何も礼銀の沙汰にはおよばない、五〇人株の旅宿の件は御物城・大和横目が御蔵屋敷に出向いて本占御用聞らと相談し、適宜対応する」という調停案を提示するにいたった。けっきょく五月本占御用聞、那覇四町頭らも双方の主張が折衷されたこの案を受け容れ、薩摩生産方商人の旅宿一件は落ち着いた（『明治三年四月～六月中日記』）。この問題では一方的に薩摩商人らの主張が貫かれたのではなかったことが注目される。

2. 御用聞商人たち

御用宿設定交渉で本占御用聞らの采配を振ったのは、生産方副役の地位にあった森清助であったと思われる。その下にあって琉球側と事務的な折衝にあたった産物方筆者とはおそらく肥後助五郎という人物であろう。同人は当初琉球在番附役に加えて「生産方」を合わせ勤めるよう命じられ、一八七〇年（明治3・同治9）の春に赴任してきた者であった。それが四月二七日付をもって兼務を解かれ、「生産方一篇之御用取扱いいたし候様」にと仰せ付けられた（『明治三年四月～六月中日記』）。こうしてみると、琉球における「生産方」の滑り出しはこの頃であったことになろう。

さて、森とこの肥後のもとに生産方大商人団が編成されることになったということになるが、それはいったいどのような顔ぶれだったのであろうか。それを明確に記した史料はいまのところ発見し得てないので、ここに明らかにすることはできない。ただ、先の「産物方」との関わりを深くする者たちであったことは間違いあるまい。そうした観点から注目したいのは、一八六九年の鹿児島琉球館在番浦添親方・与力国吉親雲上の「在勤中日記」（『明治二　同治八年己巳六月ヨリ翌九月迄在勤中日記　年頭慶賀使在番浦添親方与力国吉親雲上』。以下「浦添親方在勤中日記」と略記する）にみえる琉球を対象として金融活動を展開する商人団である。

琉球の場合、銀・銭（銅銭）は対中国貿易に要するものであったから、薩摩藩はもちろん鹿児島商人より恒常的にその供給を受けてきた。ちなみに一八七〇年五月の琉球方役人高安筑親雲上の琉球館あての報告によってみると、明治二年から翌年にかけての鹿児島商人らよりの借銀高は表3のようになっている。

すなわちそれによると、債権主として二〇人の用聞の名が確認できる。私はここにあがっている者たちこそ「本占御用聞」ないしは五〇人株の商人団の一部ではないかと考えている。貸借の具体的動向についてはすべての用聞について高安の報告から知られるが、いちおう文銀（文政銀）で貸し付け銀二〇〇〇貫目以上について見てみると、表4のようになる。一八六九年秋から翌年春にかけての毎月の借銀の動向が記載されているから、一人の在番の任期中（五月出帆翌一〇月帰帆、一八ヶ月詰め）に御蔵入用が御用聞からどのように調達されていたかイメージすることができる。

次に、銭の借入れ状況を七〇年について見てみよう。この頃京銭の流通量が著しく減少し、鹿児島でも同様に商取引に支障が生じていた。このため、前年の一一月一三日付で摂政・三司官は「蔵方を始国中通融差支」を理由に、鹿児島船の乗員たちが琉球から京銭を持ち登ぼらないように取り締まりを在番奉行に働きかけている。そして一二月に入ると、琉球館に向けて飛船を仕立て、鹿児島藩庁に銭差し下しを歎願することが決定されている（『明治二年七月〜九月中日記』）。

銭については銀ほど詳しい記載が無いので、多くのことは言えないのであるが、琉球館を中心とした銭調達運動は一定の成果を収めたようである。まず表5によれば、島津家が三〇万貫文という大量の供給を担い、

表3
蔵方用銀不足につき1869〜70年（明治2〜3）の用聞よりの借銀総高

	用　聞　名	借銀高（文銀貫.匁）
①	藤安仲之助	3304.239
②	小山宗兵衛	370.387
③	池田市郎右衛門	168.897
④	柿本彦左衛門	4995.418
⑤	別府藤兵衛	1186.195
⑥	魚住源十郎（山下新五郎跡代）	3590.843
⑦	中原長左衛門	4008.847
⑧	相良武兵衛	714.802
⑨	長崎武八郎	492.841
⑩	丹下金右衛門	1322.087
⑪	丹下伊左衛門	1576.155
⑫	酒匂十兵衛	931.211
⑬	坂本藤兵衛	616.201
⑭	西村六右衛門	3261.262
⑮	藤安仲五郎	1600.101
⑯	久永常助	2971.800
⑰	藤安辰次郎	3184.564
⑱	別府藤太郎	14.656
⑲	岩城孫四郎	21.208
⑳	池田直太郎	7.041
	計	34338.760

註1：『明治三年　琉球館役所日記』より作成。
註2：借銀の利率は6分。
註3：分以下は省略した。

あと野上伝蔵・末川藤彦・小川市兵衛・林伊兵衛ら御用聞と思われる者たちが調達を請け合っている。四人は主として銭調達方にあたるグループとの見方もできる。

島津氏は、琉球役人や船頭らが銭を帯びて帰る場合は一応銭高を申告させ、琉球への銭の流通管理をはかった。表6は一八七〇年の琉球に対する銭持ち下り高の申告状況を語るもので、表7は琉球と鹿児島を結ぶ公用船によるその積み高を示している。銅銭換算高の記載がみえるのは、実際に持ち渡られたのは銅銭であることを示すものである（浦添親方らの『在勤中日記』には明治三年二月三日の条に、この年より先三ヶ年銅分二万貫文の持ち下り方を願ったところ、同年は一ヶ年に限ってそれが許されたことが記されている）。

表5で京銭の積み下し申請の理由が主として蔵方入用とされているのは、具体的には対中国貿易に振り向けられたことを推測せしめるが、いっぽうで流通量の逼迫という申請理由は琉球社会に銭が流通していたことを物語っている。唐物や砂糖・鬱金など特産品の取引きが琉球館用聞との間に活発化する一九世紀以降、銭の社会的浸透は急速に進んだとみてよいであろう。そうした琉球の経済社会の変化を金融の面から支える役割を担ったのが琉球館・「産物方」と結びついた鹿児島商人達で、彼らは「生産方」の発足とともに御用聞商人団として編成されていったものとみたい。

3. 勝手商売の認可へ

薩摩藩がこの頃琉球への銭の積み下しを認めたのには、琉球の銭貨の流通事情の悪化があった。以前より琉球では和銭に加えて唐銭が一定の比価で流通していた。唐銭が日本の銅銭に引き換えられるということに

表4　蔵方用銀不足につき 1869～70 年（明治 2～3）の用聞よりの借銀高

用聞名	借用年月	借銀高（文銀 貫.匁）
藤安仲之助	1869（明治 2）. 7	293.709
	〃 8	590.530
	〃 9	250.000
	〃 10	230.000
	〃 11	123.240
	〃 12	296.760
	1870（明治 3）. 1	380.000
	〃 2	380.000
	〃 3	380.000
	〃 4	380.000
	（以上 10 行 6 部利）	3304.239
柿本彦左衛門	1869（明治 2）. 9	121.385
	〃 10	532.117
	〃 11	281.000
	〃 12	276.760
	1870（明治 3）. 1	2912.221
	〃 2	380.000
	〃 3	358.815
	〃 4	133.120
	（以上 8 行 6 歩利）	4995.418
魚住源十郎（山下新五郎跡代）	1869（明治 2）. 8	416.417
	〃 9	495.866
	〃 10	230.000
	〃 11	251.082
	〃 12	656.760
	1870（明治 3）. 1	380.000
	〃 2	1149.718
	〃 4	380.000
	（以上 8 行 6 歩利）	3959.843
中原長左衛門 (一)	1869（明治 2）. 9	402.967
	〃 10	230.000
	〃 11	280.000
	〃 12	215.059

中原長左エ門㈡	1870(明治3).1	1380.000
	〃 2	680.000
	〃 3	380.000
	〃 4	380.000
	〃 5	60.821
	(以上9行6歩利)	4008.847
西村六右衛門	1869(明治2).11	1166.477
	〃 .12	1344.785
	1870(明治3).1	200.000
	〃 2	150.000
	〃 3	200.000
	〃 4	200.000
	(但し6行6歩利)	3261.262
久永常助	1869(明治2).11	268.300
	〃 12	365.000
	1870(明治3).1	920.000
	〃 2	380.000
	〃 3	208.500
	〃 4	380.000
	〃 5	450.000
	(但し7行6歩利)	2971.800
藤安辰次郎	1869(明治2).10	284.564
	〃 11	280.000
	〃 12	720.000
	1870(明治3).1	380.000
	〃 2	380.000
	〃 3	380.000
	〃 4	380.000
	〃 5	380.000
	(但し8行6歩利)	3184.564

註1:『明治三年 琉球館役所日記』より作成。
註2:分以下は省略した。

表5　1870年（明治3）の借銭の動向

日付	借銭元	借銭高（貫文）	利率	借債の理由
8	野上伝蔵	90,000	2割5分	蔵方入用
9	島津家	300,000		琉球京銭逼迫
9.21	末川藤彦	15,000	2割5分	蔵方入用
9.23	小川市兵衛・林伊兵衛	丁銭 2,500		蔵方入用
9.23	野上伝蔵	25,000		蔵方入用
9.30	小川市兵衛・林伊兵衛	銅銭 2,500 （銭にして8万貫文）		蔵方入用

（『明治三年　琉球館役所日記』）

表6　1870年（明治3）の銭積み下り申告高

申告日付	申告者	銭高（貫文）
9.23	船頭　西銘筑登之親雲上	2,800
9	今帰仁王子役人　桑江筑登之	10,088
9	船頭　仲村渠筑親雲上	14,400
9.24	浦添親方与力　国吉親雲上	2,800
12.26	重書役　桃原親雲上	10000 （銅銭312貫500文）

（出典は表5に同じ）

表7　1870年（明治3）秋公用船による琉球への銭差し下し高

銭積み船	銭　高（貫文）	銅銭換算高（貫文）
夏楷船	100,000	3,125
春運送船	86,400	2,700
夏運送船	71,080	2,221.500
運送船	80,000	2,500
春楷船	83,333.332	2,604.164
計	420,821貫332文	13,150貫664文

（出典は表5に同じ）

なれば、中国より唐銭が大量に持ち込まれる恐れがあったため、一八六九年六月には唐銭を持ち込むことが禁じられた。ところが冬頃から京銭が不自由となり、蔵方をはじめ国中で支障をきたし、困窮の者は飯料の売り買いができない有様となった。そこで当分蔵方ストック分、それに世上に出回っている分については以前の比価で流通することを認め、以後中国より唐銭の持ち渡りは禁止することが検討されるにいたっていたのである(一八七〇年六月)(『明治三年四月〜六月中日記』)。ここにおいて、物流をスムースにするという「生産方」運営の上から、唐銭を市場から駆逐し、貨幣を和銭に統一する必要がでてきた。このころ京銭の琉球への積み下りが比較的盛んなのはそのためであったとみてよいであろう。

こうした薩摩藩の動向を「生産方」の設置、御用聞商人たちの官商としての編成という点とを合わせ見ると、近世以来島津家が有していた専売権をなお強力に保持していこうとしていたことがわかる。先に唐へ持ち渡る商品については藩が世話をするというのも、官商たちの利権保護を意図したものであったとみたい。

しかし、それは明治政府の方針に反するものであった。六九年政府は巷で商会を立ち上げ，役人が出張して米穀そのほかの商品を買い占める動きがあるとし、六月二二日付で商律制定・通商司の設定を布告(『太政類典』第一編第百六巻)、それを受けて鹿児島県では一八七一年から翌年にかけて特産品の自由売買方針を表明するにいたった(弓削政巳:二〇一三年)。当然同様な方針は琉球にもおよび、廃藩置県が断行された翌月の八月六日、鹿児島県会計方は茶・鉄鍋・繰綿を除く琉球の買い入れ商品について、以後官商の取り扱いから外し、「勝手商売」を認めた。ただし、昆布については当年までは官商の扱いとすることを琉球あてに通告している(『明治四辛未六月より翌九月迄在勤中日記　在番池城親方　与力池村親雲上』。以下『池城親方在勤中日記』と略記する)。昆布の販売利益が大きかったため、特別に商人への配慮がなされたのであろう。その後、繰綿については琉球側から琉球館による三〇〇本（一本は約六貫、一貫は三・七五キログラム）の直下しが願われ、八月二六日に許されている（同上）。そして、翌一八七二年（明治5・同治11）には鹿児島県大参事大山綱良は京銭の通融を正式に許し（同上、明治五年三月二三日条）、さらに個々の渡唐役者が唐綛（木綿糸。〈旧著『近世琉球琉球貿易史の研究』で毛織用の糸としたが、誤りでこの場を借りて訂正しておきたい〉）の勝手買い入れを願ったのに対して六月にはこれを許している（『池城親方在勤中日記』）。すでにこうした事実を明らかにした深澤秋人氏は、七二年を「鹿児島県による中国商品と日本産品の流通統制が変容した画期」としている（深澤：二〇一一年〈一五五頁〉）。まさにそのように捉えることができると思う。

こうした鹿児島県側の処置に、琉球でも何かが変わりはじめていることを感じるにいたっていたが、それが国家体制の大変革の一環をなすものであることを実感するまでにはもう少し時間がかかった。七二年正月に維新変革のことを伝えるために鹿児島県庁よりは伝事伊地知壮之丞（貞馨）と奈良原幸五郎（繁）が派遣された。伊地知らはこの度の変革で琉球はこれまで通り鹿児島県に所属するにいたったことを告げて、王政御一新を祝う使者の派遣を求めてきたが、この時士民救助のためと称して、これまでの借債の免除措置が示されているから、王府は久々の「江戸立」にむしろ前向きになったことが想像される。

しかし、この使者の招諭が政府による「琉球処分」へ向けての布石となったことは周知の事実である。前年宮古行きの琉球船が台湾東南海岸に漂着、乗り組みの者六九人のうち五四人が台湾原住民によって殺害されるという事件が起こり、政府は琉球人が日本国民であることを明らかにする方向に動き出したのであった。

伊地知の求めに応じて、王府は七月、伊江王子朝直（正使）・宜野湾親方朝保（副使）ら三七人を東京に派遣した。伊江王子らは九月一四日に参朝すると、その場で明治天皇より冊封の詔を受けることとなった。これにより琉球は日本の藩屏とされ、国王尚泰は藩王に位置づけられた。それからしばらくして九月二〇日には藩内融通のためにと新貨幣三万円が下賜され、二九日には飯田町に藩王のために邸宅まで与えられた。

4. 変わらぬ収奪のしくみ

日本の藩屏たることが明確にされた後、琉球の置かれた過酷な現状を改善する一つの施策がとられている。それはすでにとりあげた「滞留商人」らの行動規制である。翌一八七三年三月、あらためて外務省六等出仕として琉球に着任した伊地知貞馨によって五ヶ条からなる「琉球滞留商人心得規則」(『日本外交文書』第六巻事項八「琉球藩取扱ニ関スル件」〈一六六 琉球滞留商人取締ニ関シ申入ノ件〉三七三〜三七四頁)が琉球で活動する鹿児島商人たち五六人に示されたのである。その詳細な内容については深澤氏の研究に譲るが、ただここでは「心得」の遵守を言い渡された「滞留商人」たちに注目したい。「心得」の第四条は「取り締まりの役として三人を置き、惣人数で五人ずつの組を作って督責し合い、相組の者の中に一人でも規則を破る者がいれば組の者すべてを同罪とする」となっている。また第五条は五人組編成となった「滞留商人」たちは「徒党を組み、衆人を妨げ、土人に迷惑を掛け、酔狂のうえ乱暴がましき所行をいっさいしてはならない。万一それを犯す者がいればその罪状を公表する。そして本人はもちろん、その組合の者は鹿児島に帰したうえ罪の軽重によって処置し、二度と琉球に渡海させないようにする」としている。外務省がそうした条目を定めたのは、琉球では「滞留商人」たちによる粗暴なふるまいも目立ちはじめ、琉球人との間に紛擾さえ生じていったからのようである。「規則」の追記に、「鹿児島より多人数渡海、往々疏(粗)暴の所業の者有之、土人迷惑いたし候故、無拠（よんどころなく）臨時、左の通規則を定め」たとしている。ここにあらわれる多人数の「滞留商人」とは生産方に編成された「本占御用聞」、五〇人株の者たちとみてよい。

ところで、ここであらためて確認しておきたいことは、政府は「滞留商人」の横暴な振る舞いは規制するものの、琉球におけるその商業活動を排除するまでにはいたっていないということである。それができなかった基本的な理由は、琉球に地元の商業資本が成長していなかったということにつきるであろう。唐物や琉球の特産品の砂糖・鬱金の輸出、非自給物資の調達は一手に薩摩商人が握り、琉球人が独自に日本市場と関わることができなかったから、商業資本が成長するはずがなかった。したがって、明治政府も琉球経済を立ち行かせるため、旧来の行政権力に依存して成長してきた御用商人たちを利用するほかなかったのである。

一八七二年琉球藩が置かれるにあたり、琉球側が御用聞らに負っていた負債処理が問題になった。二〇万円ほどのそれを政府は東京国立銀行で借り換え、支払いも肩代わりすると申し入れたが、上京使者の伊江王子らは、借り換えの件は受け容れたものの、償却は自藩で果たしたいと断っている（『太政類典』第二編第二二九巻・地方三五　特別ノ地方琉球藩」）。政府よりの干渉が強まることを警戒してのことであったと目されるが、琉球の宜野湾親方ら三司官らは、東京国立銀行への借入金返済にあてる砂糖の大阪出荷を御用聞魚住源蔵に担わせることとし、七三年三月、伊地知貞馨に対し交渉を依頼している（『伊地知貞馨殿江御釣合相成候扣同治一二年癸酉』。以下『伊地知貞馨殿江御釣合相成候扣』と略記する）。魚住源蔵は鹿児島城下下町（しもまち）の年寄格の町人で、一八六六年に大坂薩州下屋敷別館の百間町屋敷の御用聞となり、日向佐土原藩の御用達を勤め、七三年、徳之島商社の設立にも関与していたとされる（長谷川洋史：二〇一〇年、弓削：二〇一三年）。

琉球側が琉球産物の専売権を委ねたのは、こうした幕末期にのし上がってきた魚住と、いま一人小山宗兵衛という商人であるが、小山についてはいまのところよくわかっていない。七四年には魚住源蔵・長崎武八郎・中原長左衛門らとともに、琉球年貢代金上納の請負人になっている（『従東京大坂下状　一冊』）。ちなみに、六九年から七〇年にかけて琉球に銀を貸し付けていた用聞の名前と貸し付け高を示した表3を見ると、小山のそれは三七〇貫三八七匁で、極めて少ない。ついでに魚住源蔵についてはどうかというと、残念ながら同人の名は表には見当たらない。ただし、魚住源十郎という貸し付額が三五九〇貫八四三匁と三番目を誇る人物がおり、源蔵ゆかりの者ではないかと思われる。貸し付け高の多寡だけで琉球との関係を推し量るわけにはいかないが、いずれにしろ、この両名は鹿児島県と結びついてのし上がってきた商人で、県による強い推薦があって琉球側が二人を受け容れることになった可能性が高い。七三年（明治六・同治一二）四月、伊地知の提案に対する摂政伊江王子、三司官宜野湾親方・川平親方・浦添親方らが連名で差し出した回答書からはそうした事情が読める（『伊地知貞馨殿江御釣合相成候扣』）。

まず、伊地知からは次のような提案がなされたようである。

①鬱金類を買い占めたい旨鹿児島商人共より願い立てが段々強まり、理由も無く謝絶するのもどうかと思う。ついては、東京において頂いた三万円のうち二万五〇〇〇円は金銀貨幣で下されば藩内・琉球国内で通融させ、毎年鬱金や薬種類の買い占めにあてるようにする。その輸出利潤は東京表の賜邸の修理、在勤等の諸入費に振り向けるようにしたら如何

②ついては琉球藩よりそのための係を置き、鬱金・薬種類の専売権は魚住源蔵・小山宗兵衛の二人に委ね、売り立て利潤の中から三分の一を与えるようにするとよい

これに対して伊江らは次のように答えている。

(ア)鬱金類は当藩の者にきっと申し付け、魚住・小山に相談のうえ売り買いを独占させる。琉球で消費される下り品も魚住・小山に買い下るようにさせる

(イ)当地では鬱金類の買い入れ係が売払い交渉にあたり、上り荷下り荷の売買益のうち三分の一は魚住・小山へ与え、三分の二は上りの時東京表の諸入費に振り向ける。下りの時は益金を当地の蔵方に納め置き、会計を別にして低利で貸し付け、皆の助けになるようにしたい

(ウ)当地は素より銅銭のみをもって通融し、金銀の使用に馴れていない。下された三万円は藩内に必ず通融させたいところであるが、うまくいきそうにない。そこで二万五〇〇〇円を鬱金類買い占め本手として魚住・小山両人に渡し、銅銭繰り替えにしたいので、そのように両人に仰せ渡されたい

この遣り取りをみると、鬱金・薬種類の上り荷、それに琉球で消費される下り荷の売買独占を魚住・小山に委ねるよう強く押してきたのは伊地知だったようであり、それには魚住らより強い働きかけがあったことが想定できる。こうして鹿児島の有力商人によって特産物の専売制が担われ、そして末端の農村では、わずかに残された焼過糖がすでにみた「滞留商人」によって買いたたかれていたことを考えると、収奪のシステムは近世以来何も変わっていなかったというべきであろう。

奄美大島五島でもこの年三月、砂糖の勝手売り令が出されると、さっそく鹿児島商人たちによって「商社」が設立され、砂糖の買い取り、米その他の消費物資の販売を請け負うことになっていった。勝手売買の公許

も有名無実に過ぎなかったから、島民の間では不満が鬱積し、「商社」の廃止運動が展開された（『鹿児島県史』第三巻〈七七五頁〉）。一八七八年（明治一一・光緒四）には県令岩村通俊によって商社の廃止が令達され、翌年から勝手商売となったが、今度は鹿児島・関西・長崎などからの砂糖を当て込んだ商人たちの寄留を促すことになり、同様に琉球も多くの「寄留商人」を抱えることになっていった（弓削：二〇一三年、西里：一九八二年）。彼らは農民に砂糖代を前貸しし、現物を廉価で買い取るシステムをつくりあげ（前貸し支配）、生産農民をいっそう貧窮の渕に追い込んでいくことになるのはこれまでの研究が明らかにするところである（西里：一九八二年、前田勇樹：二〇二一年）。

終章　琉球館の終焉

鹿児島商人たちの琉球進出が多くみられるようになるのは、維新を契機に、これまでになく渡航制限がゆるみ、勝手商売が認められたことなどが影響していると思われるが、もう一つこれまでの薩琉間の外交の窓口、かつ商品流通の拠点としての琉球館の役割が終わりを告げたことが指摘できるであろう。以下では「琉球処分」の過程で琉球館がその役割を終えていく姿をたどりながら、本稿が主題としてきた薩琉交渉史の問題点を洗い直すという作業を終わることにしたい。

一八七三年三月、琉球に着任した伊地知貞馨は「滞留商人」の動きに規制を加えるいっぽう、在番奉行の福崎助七をそのまま外務省の吏員に任じ、これまで仮屋（在番奉行所）に勤めていた大和横目・別当・側用聞などの役職はすべて廃するにいたった。また鹿児島の琉球在番の駐在役所である琉球館にも改革の手を入れた。そうして同じく三月、東京の賜邸に親方身分の者が輪番に在勤するよう通達し、四月には与那原親方良傑が上京した。こうして在番が東京詰めとなったため、琉球藩では聞役手伝一人・走番一人に門番も兼ねさせることにして残し、他は聞役以下要員をすべて解雇とするなど、規模縮小におよんだ。聞役の職を解かれた里村藤太夫には、これまでの勤労に対し金一〇〇〇円が給された。

七月になると、地租改正条例が公布され、琉球館の地所にかかる地租を負担しなければならなくなったことから、鹿児島県ではいよいよ建物を引き揚げる結論を出し、与那原にその旨が通告された。これに対し与那原からは、九月二四日付で、「東京の管下に入っても、やはりこれまで通り鹿児島県へも役々が出張して琉球の産物を繰り登せ、また東京への使者も直接上京しがたく琉球館で日用品の調達のため在宿する、引き揚げられるならば、あらためて相応の敷地を求め役所・蔵を拵えなければならない」と反対が表明されている。これをうけて、外務卿副島種臣は相当の地税を負担させて存置することを大蔵卿大隈重信に提案、大隈もこれを受け容れている（『伊地知貞馨殿江御釣合相成候扣』、「沖縄県関係各省公文書 1 自明治四至明治十五年」『沖縄県史 12』四〇号〈八三～八四頁〉）。一二月二八日には市来平太が「琉球館用向」に任じられているが（「従大和下状」五六二号〈五四一～五四二頁〉）、その役目は琉球館の管理維持にあったとみてよいであろう。

こうしてこの段階で琉球館は琉球にとって商法のためなお必要とされ、維持されることになり、琉球を安堵させた。だがしかしそれも束の間のことで、一八七四年から翌七五年にかけて政府の琉球の内国化は強硬策もって進められ、両者の間には軋轢が醸されていくことになった。

先に述べた七一年台湾に漂着した琉球人が現地の先住民によって殺害されたことが発端となって七四年五月出兵が強行され、琉球の日本帰属が国際的にも承認された。七月には琉球藩は外務省から内務省の管轄となり、琉球の旧在番奉行所も内務出張所に変わった。

これに対し、琉球藩庁では従来通り清国への進貢を行い、政府を苛立たせた。折しもこの年の一二月、清国では同治帝が崩じ、翌年光緒帝の即位に琉球から慶賀使節が派遣される可能性が出てきたことから、内務卿大久保利通は琉球の清国との関係を強固の手段をもって遮断すべきことを建議し、政府はこれを受け容れた。こうして三司官らに上京が命じられ、琉球では一八七五年一月、三司官池城親方・与那原親方・御鎖之側幸地親雲上（のち親方、唐名向徳宏）らを派遣するにいたった。これに応接した内務大丞松田道之は藩王の上京、清国との関係の清算、鎮台分営の設置などを求めた。しかし中国を意識した使節らは容易に政府側の申し入れを受け容れず、六月には尚泰王との交渉のため、松田自身の渡海となった（七月一〇日那覇着）。松田より朝命を拒む「反者」と断じられた尚泰王はやむなく松田の要求を呑むことを表明したが、現状維持を強く望む士族らに阻まれて、松田は遵奉書を持ち帰ることができなかった。なおも使者を上京させて請願をくりひろげる琉球に対し、政府は七六年（明治9・光緒2）五月には内務少丞木梨精一郎を送り、清国との関係を絶つべきだとする太政大臣三条実美の命令書を手交せしめた。

政府の命令により、ついにこの年進貢船の派遣は不可能となった。一二月、藩王は幸地親方（向徳宏）らを福州に密航せしめ、清国に事情を報告するにおよんで翌七七年以降、琉球問題はいよいよ日清間の外交問題に発展、やがて交渉は宮古・八重山両島を清国に分譲し、同時に「日清修好条規」を改修するといういわゆる分島・改約問題にまで行き着いたのであった。しかし問題はそれで解決せず、終に一八九四年（明治27・光緒20）の日清戦争まで持ち越されるにいたることは周知の事実である。

こうした「琉球処分」の過程において、琉球仮屋（鹿児島琉球館）、柔遠驛（福州琉球館）もその役割を終えることになった。鹿児島琉球館は一八七三年、親方身分の者が東京の賜邸に輪番で詰めることが命じられて以降も、いちおう商業上の拠点としての存在意味をもっていたと思われる。しかし、七七年二月の西南戦争の勃発は琉球館の経済活動にも影響を与えたものとみられる。在東京の富盛親方は、三月一五日付内務卿代理の前島密あてに「当時西国表の騒擾により、琉球行きの郵便船および大有丸の通航が無く、貢米に振り向ける砂糖、ならびに大勢の東京・大阪在留人員の旅行・運輸ができず、至極困っている」とし、特別のお取り計らいをもって郵便船の発航を仰せつけてもらいたい、と訴えている（〔申上〕）。前島は船繰りの都合もあろうから、取調べのうえ返事すると回答しているが、しかし九月、西郷軍は城山に追い詰められ、近くに位置する琉球館も兵火を被るにいたった（「従大和下状」五八七号〈五四九頁〉）。衣類・諸道具類は失われたが、館内居留の琉球藩吏らは、戦火が城下におよんだ時は桜島へ逃亡して負傷を免れた（〈明治一一年一月二三日付　琉球藩佐久間親方より内務大書記官松田道之あて申上〉〔申上〕）。館内もすべてが焼失していなかったのであろう、一八七八年一二月には鹿児島人の田中蘇八郎が市来平太にかわって「琉球館用向掛」に任じられている。御礼として干鯛一箱・昆布一箱・樽酒一荷が浦添親方に献じられているところからすると（「従大和下状」五九七号〈五五一頁〉）、館内は修理も終え、経済活動を展開するにいたっていたのではないかと想像する。

その後、七九年三月琉球に廃藩置県が断行されると、再び琉球館の位置づけが問題となった。琉球側では八〇年一月一六日、地所・建物ともにその所有としたい旨県令の鍋島直彬（なべしまなおよし）を通じて内務卿伊藤博文（いとうひろぶみ）に願い、五月にはこれを許されている（『沖縄県史　12』二三五号、〈四七四～四七五頁〉）。残念なことに、さらにその後の琉球館がどのように運営されたか、いまのところ掌握出来ていない。その後沖縄県の出先としてなお一定の役割を果したことは想定できるが、しかし、もはや鹿児島と琉球の政治・経済・外交のパイプの役割は終わっていたとみるべきであろう。こうした琉球館の役割の終わりがまた鹿児島商人の南西諸島への進出をうながす契機となったものとみたい。

まとめ

一六〇九年（慶長14・万暦37）琉球を手中に収めた島津家は、当初その動向を警戒して「国質」に象徴されるように、むき出しの暴力を行使しつつ支配の実をあげる政策を推進していった。これに対して琉球では時間が経つにつれ、島津家に年頭使を送って改年を寿ぎ、渡唐役人には決まって進貢貿易の首尾を報告させ、慶弔のことがあれば祝儀・弔問の使者を立てるなどして、敗者として儀礼を尽くして同家との良好な関係を築く努力がなされた。こうした動きからすると島津家との間の距離は相当縮まったと解されるが、しかし事はそう単純ではなく、支配する側とされる側との間に矛盾と対立が醸されないはずがない。一六二〇年段階にはいると、貢租の負担、進貢貿易の運営、領土問題（大島五島の帰属問題）などをめぐって主張の違いが目立ちはじめ、王府内部にも「領知目録」盗難事件に象徴されるように、王府の和解外交に不満をもつ王臣たちもあらわれるようになっていたことがうかがえる。

しかし、そうした反対派の声を内に抱えつつも、尚家の島津家・幕府との良好な関係を構築しようという方針はかわりなく進められていく。その点で注目されるのは、一六二九年（寛永6・崇禎2）以降の数年間の琉日双方の動向である。すでに本文でも述べたが、一六二九年家久は将軍の屋敷への御成を理由に楽童子の参府を命じ、翌三〇年帰国の途中朝廷よりの申し入れがあって内裏でも楽を奏しめている。また三四年（寛永11・崇禎7）の将軍家光の上洛に際しては、冊封の儀礼を首尾よく済ますことができた御礼の使者佐敷王子、それに年頭使金武王子を京に上らせて異国の支配を天下に誇示、この時琉球高を加えた領知判物を幕府から引き出すのに成功している。

そしてさらに一六三六年（寛永13・崇禎9）には後水尾上皇の要請をうけて奏楽のために楽童子たちを上洛させている。このように島津氏は、琉球使節を日本の諸大名の頂点にいる権力や伝統的権威に引き合わせ、あるいは琉球高を領知判物に明確に記載させることを通して、琉球側にも日本の支配が正当なものであることを認識させようとしていたことがわかる。ここにおいてまた琉球は島津家の後ろに将軍が存在し、さらにその支配の正当性を付与する最高権威の天皇が存在していることを知り、島津氏に対する畏怖の念を深くすることになっていったものとみてよい。いっぽうここで気になるのは、琉球使節が朝廷にとってどのような意味をもっていたのかということである。本文で述べたように、当時の朝幕関係からすれば後水尾天皇（上皇）の使節引見へのこだわりは、その個人的関心というよりは幕府に対する対抗心のあらわれと捉えることもできる。この点についての検証は今後の課題である。

楽童子使節が上洛してしばらくして後、四一年（寛永18・崇禎14）将軍家で家光に長男竹千代（家綱）が誕生し、また琉球では尚賢王の即位があって、四四年（正保1・崇禎17）には、江戸へ御祝使と御礼使が派遣されている。以後、将軍と琉球国王の交替ごとに御祝使（慶賀使）と御礼使（謝恩使）の江戸派遣が常例化する。渡辺浩氏は、将軍や大名たちの芝居めいた儀礼を勤めとする政治体制を儀礼国家と呼んだが（渡辺：一九九七〈三四頁〉）、琉球はまさにここに幕藩制国家の儀礼体系に組み込まれるにいたったということになろう。

こうして幕府との新しい関係が始まろうとしていた頃、琉球が冊封と朝貢の儀礼で結ばれていたいっぽうの中国では一六四四年明から清への交替があり、琉球はまたあらためて清国との関係をとり結ぶ必要に迫られた。幕府はこれを敢えて阻まず琉球に進貢貿易の継続を認め、生糸・絹織物の輸入口とすると同時に、中国に関する情報ルートとしての役割を負わせた。興味深く思われるのは、またそれとともに長きにわたってとられてきた「国質」制が廃されていることで、御祝使・御礼使の派遣制度と合わせると、慶長戦争の戦後がこの段階で終わったことを思わせる。別のいい方をすれば、ここにおいて琉球は島津家の生の暴力支配から解放されたということになる。

一七世紀半ばには五四ヶ条の「掟」が制定され（一六五七年〈明暦3・順治14〉）、出先の在番奉行による琉球統治のあり方が秩序づけられ、バランスのある薩琉関係の構築がはかられているのも、生の暴力が後方に引き下げられたことを示すものといってよいであろう。しかしいっぽう当の王府内部ではやはり対日外交のあり方をめぐって反目が続き、政情の不安さえうかがえる。そうした中から羽地王子朝秀が政治的主導権を握り、王政の改革に着手するにいたる。それは外に対しては島津家への負担の軽減、中琉貿易の振興、内に対しては内検の実施、百姓夫役の軽減、仕明地（開発地）の私有化などによる生産基盤の安定化、砂糖・鬱金など特産品の専売化による財政基盤の強化などを特徴とするものであった。またほかにこれまで指摘されることはなかったが、一六六六年（寛文6・康熙5）の琉球仮屋への財務担当役蔵役を設置し、翌年以降在番に親方クラスがあてられるようになるのも改革の一端ととらえたい。琉球の在番奉行による統治方針の明確化とともに、鹿児島における琉球の出先もまたこの頃機構整備をみていったのである。

羽地は財政の建て直し策として進貢貿易の振興に大きな期待を寄せたが、しかし清国内に起こった一六七三（延宝1・康熙12）から八一年（元和1・康熙20）にかけてのいわゆる三藩の乱によって海上の治安は乱れ、琉球も大きな影響を被ることになった。琉球の貢船はしばしば賊船に襲われ、人命や貨物を奪われるという事件に遭遇したが、反乱軍の鎮圧がなった一六七八年（延宝6・康熙17）に清の聖祖のもとに入貢、貢使迎接を目的とした接貢船の運航を願って許された。こうして、あらたに一艘交易船の増隻をみて中琉貿易はあらたな段階に入っていったことになる。注目すべき点は、それを契機に一時的に中断していた「唐之首尾御使者」が復活し、島津家への派遣が常例化していったことであった。すなわち、清国の政情はもちろんのこと、貿易の首尾についての報告が琉球の重要な役割となったのである。

清国が動乱で揺れている間、幕府は情報ルートとしての琉球に注目した。しかし清国が反乱軍の鎮圧に成功し、緊張が去ると、幕府の琉球に対する感心も次第に薄らいでいった。徳川家宣が将軍綱吉の養子となった際、一七〇四年（宝永1・康熙43）に尚氏・島津氏が御祝使を送ろうとしたが幕府はこれに関心を示さず、また一七〇九年綱吉の死去にともない、家宣が将軍職に即位した時も参府無用とした。清国の内乱から二〇余年が過ぎ、一六八二年（天和2・康熙21）の綱吉の将軍即位の御祝使派遣から三〇年も経っていたから、これを先例としてたどるには記録的にも容易ではなかったのであろう。しかし、琉球押さえの役として先例が守れる地位と能力を琉球に疑われることを恐れた島津家は、琉球支配の意義をあらためて老中間部詮房らに説き直し、一七一〇年の参府にこぎつけた。この時の使節派遣にあたっては万事質素が心がけられるいっぽうで、使節団には中国風の装いが強制されるという特徴をもった。それは参府儀礼は内外へ異国の入貢を誇示し、いっぽう琉球へは応接への配慮を通じて公儀の恩寵を意識させる、いわば華夷秩序形成の装置としての色合いをより明確にすることを意図したものであったといえよう。

しかし、幕府の内部には、異国性の強調のみには琉球の服属の経緯もあったことから疑問を懐く者もいた。新井白石である。白石は一七一〇年の琉球使節のもたらした尚益王書翰が漢文体をなしていること、その中で使われている「貴国」「大君」「台聴」などの文言が同輩国同士でやりとりされるもの、あるいは敬いを欠くものとして使用することを禁じた。すなわち一八世紀初期の宝永・正徳期において、琉球は外部的には異国が装われるものの、いっぽうで内部的には日本への服属国としての位置が明確にされたといえる。白石が「海舶互市新例」の発布とともに琉球の渡唐銀高を報告させ、減額を申し渡したのも琉球は日本の領国という認識からであった。

宝永・正徳期の家宣政権下においては、白石主導のもと、琉球の位置づけに力が注がれているが、次の吉宗の代には琉球への応接は比較的クールな方向へ転じた。一七一八年（享保3・康熙57）の参府使節の扱いはきわめて質素であったし、拝領米も減額され、これまで慣例となっていた使節参府にともなう島津家の官位昇進もなかった。さらに上米賦課の基礎となる総高から琉球高が外され、あわてた島津家では琉球高の書き込み歎願に奔走する有様であった。一七二二年（享保7・康熙61）の領内内検では琉球への竿入れはなかったけれども、高の盛増しが行われ、あらためて琉球高を含めた領内総高の確定がはかられている。

ところで、吉宗政権の比較的無関心にも拘わらず、貢租高が増えようとも、琉球は島津家に対しては慶弔事の御祝使・弔問使の派遣にこだわり、進物の量についても慣例を墨守しようとしている。尚家が慣例・作法・礼儀にこだわったのは、なによりもそれを中断することによって、これまで築きあげてきた尚家自身の威厳と格式を失うことになるからであった。最早、琉球は紛れもなく将軍を頂点とする儀礼国家の一員であった。

いっぽう島津家の場合もまたよくいわれていることであるが、琉球支配は領主権を権威付けるうえで大きな政治的意味をもった。それは島津重豪（一七四五〜八七、藩主）の場合をみるとよくわかる。重豪は琉球使節の参府が官位叙任に結びつくことを期待し、参勤交代の道中通行に際しても異国支配を強調して特別の配慮を求めるなどしている。また三女茂姫が嫁いだ一橋治済の長男豊千代が将軍家治の養子となったこともあって、儀礼的に幕府と琉球とを積極的に結びつけ、琉球支配を表に出してそれを政治的に利用しようとする側面が強く出ている。島津重豪は異国の琉球支配を誇示することによって、露骨にも大名間の「格式競争」（渡辺浩：一九九七年〈三四頁〉）を勝ち抜こうとした人物であったといえる。

その重豪の代に琉球館も整備をみる。すなわち、このころ鹿児島湾に近接した場所に移転していたとみられる「琉球仮屋」は一七八四年（天明4・乾隆49）「琉球館」と改め、「琉球仮屋守」は「琉球館聞役」と称することになった。また同時に公用以外で島津家役人と接触することを禁じ、役務上の交渉には通事を介することが義務づけられた。さらに公用以外で外出できる機会をも限定され、私用で薩摩人と接触することも抑制されるにいたった。これは琉球館が拠点となって島津家の役人や城下町人との交流が広がりをみせ、唐物の密売なども行われて藩の支配秩序を揺るがしかねない状況がおとずれていたからであった。そこで重豪は琉球は領内であるとはいえ、あらためて異国としての位置づけを明確にし、その管理統制を強化しようとした。重豪の「琉球館」は長崎の「唐人館」を意識したものではなかったかと想定される。しかし、これに対する琉球側の反発が強かったことは、しばしば諸規制の徹底が促されていることなどから知られる。

重豪の藩主時代は一七八七年に終わり、家督は長子斉宣に譲られたが、その頃領主財政の悪化は如何とも し難く、斉宣は一七九一年（寛政3・乾隆56）、これまで明確でなかった琉球の上国使者についても使者の兼務制と進物の半減制を打ちだした。そうした使者派遣儀礼の簡略化は一八〇六年（文化3・嘉慶11）に尚灝王即位の御礼使を迎えることになった幕府でも議論となり、前年に使節の御膳進上、踊りの提供などの省略が島津家を通して申し入れられている。これに対して尚家は、「江戸立は琉球にとっても有り難い機会」、「国王一世一度の礼式」といって、逆に先例通りとすることを願っている。これをみるかぎり、やはり上国ならびに参府はまた尚家にとっても琉球の国内秩序を維持するうえで重要な意味をもっていたことを思わせる。尚家が旧慣墨守にこだわりをみせた理由もそこにあったということになろう。

一八〇八年を迎えて、島津家は財政難から琉球に対して渡唐銀の減額、重出銀・出米の賦課、冠船が積載した唐物（評価物）の市場処理の拒否、鬱金の専売制など自家の利益を優先する政策を打ち出した。そして一八一五年（文化12・嘉慶20）には、あらためて倹約政策の一環として先七ヶ年にわたって琉球使者の兼務制を定めるにいたった。長い間案件ごとに使者を上国させる慣習を改めただけでない、三〇年（天保1・道光10）には翌年の幕府への使節派遣予定を三二年に変更させている。

一九世紀に入って琉球は島津家の内部事情に翻弄されることが多くなるが、一八四一年（天保12・道光21）、新に中城王子尚濬の上国問題で煩わされることになった。近世幕藩制国家においては大名が将軍への御目見（拝謁）を許されることは大きな冥加であり誇るべきことで、それこそ然るべき家格の保証につながった。島津家は琉球を配下に収めた後、琉球の申出に従って中城王子を王位継承者と定め、一応その上国を求めた。しかしそれは人質としての側面が強く、琉球側から島津家の要求に積極的に応ずる気配がみえず、近世を通じて定例化されるまでにはいたらなかった。琉球側はそうしたことともに、世継ぎの海上での遭難による落命、清国漂着による琉日関係の露見の危険性などをあげて家老調所笑左衛門との間に交渉を重ね、ひとまず猶予ということに持ち込んだ。しかしこの後、一八六七年（慶応3・同治6）にも島津家より尚泰王嫡子尚典の上国を求められ、王府は交渉の末再びその宥免を認めさせている。これまであまり問題にされなかった中城王子の上国が喧しく取りあげられるようになったのは、調所笑左衛門と交渉にあたった国吉親方朝章が「この段階で中城王子の上国が必要とするのは琉球が別心を懐いていると疑ってのことか」と述べていたように、やはり考えられるのは国際的緊張が高まるなかで、琉球の変節が気遣われたからだと思われる。島津氏には、琉球はヨーロッパ勢力が甘言を弄すればたちまち寝返るのではないか、という危機感が根深く存在していた。王位後継者の上国はやはりそれをさせないための人質のつもりであったのであろう。天保期王子の上国免除とともに、輸入唐物の長崎会所を通じての販売、「江戸立」に際しての貨物用船の増隻、琉球館蔵方届けならびに自物砂糖に掛かる手形銀の免除、焼過糖の出荷の容認、冠船用拝借の利払い延期など、琉球側の種々の要求を掬い上げているのもその気を引くためであったとみられる。ところが、そうした琉球王府の経済活動を刺激するような優遇措置や諸規制の緩和を認めても、独自の市場ルートを持ち得ていない琉球が、財政を自力で回復することなど容易ではなかった。琉球が経済的に蘇生する途は一つしかなかった。それは、幕藩制国家の植民地的経済統制から解放されることであった。

諸々の事情から長年にわたって続けられてきた参府儀礼が挙行できない日がついにやってきた。琉球では一八四八年（嘉永1・道光28）に尚育王にかわって尚泰王の即位があり、五〇年に御礼使の参府を済ませたが、将軍家定即位の御祝使の派遣は五五年（安政2・咸豊5）に準備しながら江戸大地震のため中止された。その後五八年七月、幕府が「国事多端」を理由に参府延期を通告、日を移す間に将軍家では家定の病死、島津家では当主島津斉彬の急死があって参府は六二年（文久2・同治1）とされた。ところが幕府からは再び「国事多端」を理由にさらに延期を申し渡されるにいたり、ついに参府は実現するまでにはいたらなかった。それは徳川国家を支えた儀礼体系の崩壊を象徴する出来事であった。外国駐日公使らの駐留、桜田門外の変など国内の政治的混乱は将軍の「御威光」を失墜させ、もうあとにもどることはなかったのである。

将軍の「御威光」の失墜とともに、島津家の琉球に対する「押え」にも変化が現れはじめた。使節の参府は実現しなかったが、その備えをしなければならなかったので王府財政の消耗に変わりはなかった。当然借財は島津家に頼られた。ところが二度目の伊江王子の江戸立費用の借入が願われた時、さすがに島津家の家老島津伯耆（久富）はこれを断っている（一八五八年）。残る金策の道は、琉球館出入りの用聞達に求めるほかなかったと思われるが、さすがに島津家は琉球の窮状を座視できなかったとみえて、一八六七年には唐物勝手商売の許可を与えている。それは琉球にどれほどの経済的効果をもたらしたのかまだ検証できていないが、とにかく島津家が琉球侵攻後介入を続けてきた唐物貿易から実質的に手を退くにいたったことは特筆されてよい。

この後使者派遣制度にも変化が及ぶことになった。すなわち、島津家は琉球より尚泰王嫡子中城王子尚典の上国有免願いが出されると、一八六八（明治1・同治7）八月ただちにこれを許した。またそれとともに使者の兼務制の継続、進物の省略を打ち出している。ただし、進物の廃止については琉球側より反対が表明され、もとに戻された。やはり、たとえ遣使は兼帯となっても進物の献進だけは続けて国家間の結びつきに変化が生じないことを求めたのである。儀礼存続の環境はすでに崩壊していたにもかかわらず、遣使に執着していたのはむしろ尚家のほうであったことに注目したい。

近世、徳川幕府は日本を中心として朝鮮・琉球・オランダ・中国という外交儀礼上の序列をつくりあげたことが指摘されている（ドナルド・トビ：一九九〇年〈一六七～一七九頁〉）。それは序列を構成する各国がそれぞれの事情から容認したことによるが、琉球の尚家の場合、中国と冊封関係を結びつつも、幕府が作り出した国家序列に身を置いてこそ王国の政治的・経済的安定性はもちろん、安全保障をも担保できていたので、儀礼を通して日本との強い結びつきを求めたのである。いっぽう薩摩藩においても現状の変革を望まない琉球を、奄美諸島同様植民地的収奪の対象として留め置きたいという要求は維新後もなお強く存在していた。それは一八六九年、従来の「産物方」を「生産方」に姿を変えて官商の利権を保護し、専売益にあずかろうとしていた姿にあらわれていた。だがしかし、徐々に政府によって流通規制の緩和、官商による専売禁止、貨幣の統一化政策が打ち出され、薩琉双方の目論みや思惑は排除されていったのは見てきた通りである。琉球は市場として様々な封建的諸規制から解放される方向に向かったが、いっぽうでは、それにともなって、早くも封建的領主権力に変わって市場益に吸着しようとする鹿児島系「滞留商人」の動きが活発になっていった。「琉球処分」が進むなかでその数は増え、やがて「寄留商人」とよばれて琉球社会に政治的・経済的影響力を及ぼしていくようになるのはよく知られた事実である。

参考文献

赤嶺守・朱徳蘭・謝必震篇　『中国と琉球　人の移動を探る――明清時代を中心としたデータの構築と研究』「冊封使渡来年表」彩流社、二〇一三年
麻生伸一　「『江戸立ニ付仰渡留』第三〇三号について」『琉球王家・尚家文書の総合的研究』科学研究費補助金〈基盤研究B〉研究成果報告書、研究代表者豊見山和行、二〇〇八年
荒野泰典　『近世日本と東アジア』東京大学出版会、一九八八年
〃　『江戸幕府と東アジア』吉川弘文館、二〇〇三年
〃　『「鎖国」を見直す』岩波書店、二〇一九年
飯沼雅行　「朝鮮通信使・琉球使節通航時の綱引助郷――摂河両国を中心に」『交通史研究』五四、交通史学会、二〇〇四年
〃　「幕府広域役の実現過程に見る個別領主と地域――琉球使節綱引組合大塚組の事例」『地方史研究』第五六－六、二〇〇六年
〃　「幕府広域役の命令と情報の伝達――琉球使節通航時の綱引役の場合」『ヒストリア』二一七、大阪歴史学会、二〇〇九年
〃　「幕府広域役の負担原則と地域社会――琉球使節淀川通航時の綱引役を事例として」『地方史研究』第六〇－三、二〇一〇年
板谷　徹　『近世琉球王府の芸能と唐・大和』岩田書院、二〇一五年

伊波普猷「沖縄歴史物語」『伊波普猷全集』第二巻、平凡社、一九六二年
上原兼善『幕藩制形成期の琉球支配』吉川弘文館、二〇〇一年
〃『島津氏の琉球侵略』榕樹書林、二〇〇九年
梅木哲人『近世琉球貿易史の研究』岩田書院、二〇一六年
大熊良一『近世琉球国の構造』第一書房、二〇一一年
大熊良一『異国船琉球来航史の研究』、鹿島研究所出版会、一九七一年
小野まさこ・里井洋一・豊見山和行・真栄平房昭「『内務省文書』とその紹介」『史料編集室紀要』⑿、沖縄県立図書館史料編集室、一九八七年
鹿児島県『鹿児島県史』第二巻、一九七四年復刻版
紙屋敦之『幕藩制国家の琉球支配』校倉書房、一九九〇年a
〃「琉球使節の解体」『評定所文書』第五巻巻頭論文、一九九〇年b
〃『大君外交と東アジア』吉川弘文館、一九九七年
〃「琉球館・江戸立・旅役所」『日本史攷究』四二号、日本史攷究会、二〇一八年
芳　即正『島津重豪』吉川弘文館、一九八〇年
喜舎場一隆『近世薩琉関係史の研究』国書刊行会、一九九三年
木土博成「琉球使節の成立――幕・薩・琉関係史の視座から――」『史林』第九九巻第四号、二〇一六年
〃「〈研究ノート〉後水尾上皇・明正天皇の前で奏楽した琉球人」『沖縄文化研究』44巻、法政大学沖縄文化研究所、二〇一七年

〃　「琉球使節に関わる大名課役――淀川での川御座船の馳走――」『日本史研究』六九三号、二〇二〇年
〃　「宝永正徳期の幕薩琉関係」『日本史研究』七〇三号、二〇二一年
佐々木　克　『幕末政治と薩摩藩』、吉川弘文館、二〇〇四年
玉井建也　「琉球使節通行に対する「御仕構」態勢について――伊予国津和地島を事例として――」早稲田大学大学院文学研究科紀要』第四分冊五一、二〇〇六年
〃　「朝鮮通信使・琉球使節通航と情報・接待・応対――伊予国津和地島を事例として――」『風俗史学』三六、日本風俗学会、二〇〇七年
〃　「琉球使節派遣準備と解体過程――「最後」の琉球使節を通じて――」『交通史研究』六七、二〇〇八年
〃　「近世琉球使節通航と海域をめぐる情報――伊予国津和地島を事例として――」『日本歴史』七二七、吉川弘文館、二〇〇八年
ティネッロ・マルコ　「一八五八年の琉球使節派遣延期の理由――新納久仰の日記の検討を中心に――」『沖縄文化』第四九巻一号　一一七、沖縄文化協会、二〇一四年
〃　「琉球使節の江戸参府から見る幕末期日本外交の変化――近世から近代へ――」『沖縄文化研究』41、法政大学沖縄文化研究所、二〇一五年
〃　「一八六〇年の琉球使節の延期をめぐる薩摩藩の戦略」『沖縄文化』第四九巻二号　一一八、沖縄文化協会、二〇一五年

渡口真清　「内検代廻」『沖縄文化』第五巻第一号（通巻二一号）、沖縄文化協会、一九六六年
豊見山和行　『琉球王国の外交と王権』、吉川弘文館、二〇〇四年
〃　「敗者の戦略としての琉球外交——「唐・大和の御取合」を飼い慣らす」『史苑』第七〇巻第二号、公開講演会特集号、立教大学史学会、二〇一〇年
ドナルド・トビ著、速水融・永積洋子・川勝平太訳　『近世日本の国家形成と外交』創文社、一九九〇年
西里喜行　『近代沖縄の寄留商人』ひるぎ社、一九八二年
〃　『清末中琉日関係史の研究』京都大学学術出版会、二〇〇五年
長谷川洋史　「薩州産物会所交易構想と近江商人商会商法の関係について——石川確太郎と近江商人——」(3)『福岡経大論集』三六・三七、二〇〇七年
〃　「慶応二年〜慶応三年五月、薩州商社取建構想の推移——小松帯刀関係文書・石川確太郎関係文書を中心に——」『社会経済史学』八〇‐三、二〇一四年
林　匡　「島津吉貴の時代」『黎明館調査研究報告』二一、二〇〇八年
東恩納寛惇　「島津氏の対琉球政策」『東恩納寛惇全集』二、第一書房、一九七八年
日野照正　「外国人使節船団の通航」『畿内河川交通史研究』吉川弘文館、一九八六年
広瀬隆久　「琉球王国使節と「琉球人来朝之式」」『東京学芸大学附属高等学校研究紀要』四一、二〇〇四年
深澤秋人　『近世琉球中国交流史の研究』榕樹書林、二〇一一年
〃　「『琉球口』における流通統制の変容——『勝手商売』への移行と滞留商人——」『近世国家境界域「四つの口」における物資流通の比較考古学的研究』、二〇一六〜二〇二〇年度科学研究費補

助金（基盤研究B）研究成果報告書、研究代表者渡辺芳郎

深瀬公一郎「鹿児島琉球館に関する基礎的考察」『沖縄関係研究論集』第四号、沖縄関係学研究会、一九九八年

〃「近世日琉通交関係における鹿児島琉球館」『早稲田大学大学院文学研究科紀要』第四分冊四八、二〇〇二年

〃「近世日琉通交関係における外交・貿易システム——鹿児島琉球館における聞役・用聞の役割——」『南島史学』六四、南島史学会、二〇〇四年

外間正幸「江戸時代琉球使節の音楽と舞踊について」『琉球政府立博物館館報』二、一九六九年

前田勇樹『沖縄初期県政の政治と社会』、榕樹書林、二〇二一年

真栄平房昭「幕藩制国家の外交儀礼と琉球——東照宮儀礼を中心に」『歴史学研究』第六二〇号、一九九一年。のち同氏著書『琉球海域史論』（上）（榕樹書林、二〇二〇年）に収録。

〃「明清動乱期における琉球貿易の一考察——康熙慶賀船の派遣を中心に」『九州史学』第八〇号、一九八四年。のち同氏著書『琉球海域史論』（上）に収録。

〃「近世日本における海外情報と琉球の位置」『思想』第七九六号、一九九〇年。のち同氏著書『琉球海域史論』（下）（榕樹書林、二〇二〇年）に収録。

〃『琉球海域史論』（上）・（下）榕樹書林、二〇二〇年

真境名安興・島倉竜治『沖縄一千年史』一九六五年版

宮城栄昌『琉球使者の江戸上り』第一書房、一九八二年

三宅英利「琉球使節と小倉藩」『北九州大学文学部紀要B系列』二一、一九八九年
弓削政己「奄美諸島、近代初期の県商社による砂糖独占販売の諸問題――主体形成と時代性を反映した歴史叙述と史観――」『沖縄文化研究』三九巻、法政大学沖縄文化研究所、二〇一三年
横山 學『琉球国使節渡来の研究』吉川弘文館、一九八七年
渡辺 浩『東アジアの王権と思想』東京大学出版会、一九九七年
渡辺美季『近世琉球と中日関係』吉川弘文館、二〇一二年

史料

「案書 同治八年己巳」『評定所文書』第十六巻、浦添市教育委員会、二〇〇〇年
『伊地知貞馨殿江御釣合相成候扣 同治十二年癸酉』、尚家文書、六四九番
『嘉永六丑□ 安政五年（将軍代替ニ付御祝儀）使者伊江王子（江戸立付）仰渡留』、尚家文書、三〇三番
「沖縄県関係各省公文書 1 自明治四至明治十五年」『沖縄県史 12』沖縄県、一九八九年
『御国元御変革付御届向一件抜書一冊』、尚家文書、三六四番
『隔蓂記』第一、赤松俊秀校注、思文閣出版、一九九七年復刻版
『那覇市史』資料編第一巻五、家譜資料（一）、那覇市企画部市史編集室、一九七六年
『那覇市史』資料編第一巻八、家譜資料（四）那覇・泊系、那覇市企画部市史編集室、一九八三年

「喜安日記」『那覇市史』資料編第一巻二、那覇市役所市史編集室、一九七〇年
『旧記雑録後編』四　鹿児島県史料、鹿児島県歴史資料センター黎明館、一九八三年
『旧記雑録後編』五　鹿児島県史料、鹿児島県歴史資料センター黎明館、一九八五年
『旧記雑録追録』一、鹿児島県史料、鹿児島県維新史料編さん所、一九七一年
『球陽』球陽研究会、角川書店、一九七四年
『近世地方経済史料』弟九巻・弟十巻、吉川弘文館、一九六九年
『御上国一往被遊御猶豫候日記　一冊』尚家文書、三一一番
『御上国御容免一件御内用日記　一冊』尚家文書、三一二番
「西遊雑記」古川古松軒『日本庶民生活史料集成』第二巻、三一書房、一九六九年
「薩摩風土記」『日本都市生活史料集成』三　城下町篇Ⅰ、一九七五年
『薩州唐物来由考』伊地知季安、鹿児島県立図書館
「島津家列朝制度」『藩法集八　鹿児島藩　上』藩法研究会編、一九六九年
『島津国史』鹿児島県地方史学会、一九七二年
『壬戌琉球拝朝記』国文学研究資料館蔵
『太政類典』第一編第一〇六巻・第二編第一二九巻
「中山世譜」伊波普猷・東恩納寛惇・横山重編『琉球史料叢書』四、井上書房、一九六二年
「中山世鑑」・「中山世譜附巻」伊波普猷・東恩納寛惇・横山重編『琉球史料叢書』五、井上書房、一九六二年

『北谷親方恵祖親方一件調書』沖縄県立図書館
『通航一覧』第一、国書刊行会、一九一二年
『従東京大坂下状　一冊』尚家文書、六七三番
『登御状写　道光廿九年己酉　嘉永二年』尚家文書、三三〇番
『日本外交文書』第六巻、外務省
『明治二年正月〜三月中日記』尚家文書、四〇五番
『明治二　同治八年己巳六月ヨリ翌九月迄在勤中日記　年頭慶賀使在番浦添親方　与力国吉親雲上』尚家文書、三四二番
『明治二年七月〜九月中日記』尚家文書、四〇七番
『明治三年正月〜三月中日記』尚家文書、四〇九番
『明治三年四月〜六月中日記』尚家文書、四一〇番
『明治三年　琉球館館役所日記』尚家文書、三四一番
『明治四辛未六月より翌九月迄在勤中日記　在番池城親方　与力池村親雲上』尚家文書、三四三番
〔申上〕尚家文書、六七〇番
『大和江御使者記　全』東恩納寛惇文庫（マイクロフィルム）No.8
「従大和下状　同治四〜光緒五年」『評定所文書』第十六巻、浦添市教育委員会、二〇〇〇年
『琉球王国評定所文書』十八巻、補遺別巻、総索引の全二〇冊、浦添市教育委員会、一九八八〜二〇〇三年
『琉球御掛衆愚按之覚』伊地知季安、東京大学史料編纂所

「琉球館文書」『那覇市史　資料編』第一巻二、那覇市財務部市史編集室、一九七〇年
『琉球資料　下』「Ⅶ署簡・案文関係資料、26琉球仮屋文書案文」、『那覇市史』資料編第一巻一一、一九九一年
「歴代三司官一覧」真境名安興・島倉竜治、『沖縄一千年史』一九六五年版、巻末

校注 **尚家本 喜安日記**　琉球国尚寧王の駿府・江戸参府の年譜と史料

森威人編／訳　尚家に伝えられた写本を元に、他の諸本との校定をした上で詳しい訳注を加えた、更に関連史料を集成した「喜安日記」の決定版。

A5、上製、布装、函入　350 頁　定価 8,800 円（本体 8,000 円＋税）

沖縄学術研究双書⑯

境域の近世―慶長戦役後の琉球と薩摩

上原兼善著　1609（慶長 14）年の島津侵攻後の琉球－薩摩関係史を新しい視点から描き出す、『島津氏の琉球侵略』続編！　A5、並装　232 頁　定価 2,970 円（本体 2,700 円＋税）

第 48 回（2020）伊波普猷賞受賞

琉球海域史論 上　貿易・海賊・儀礼

琉球海域史論 下　海防・情報・近代

真栄平房昭著　琉球史を海域史という視座からとらえ直し、琉球史研究の新しい扉を押し開く。収録論文は上下合わせて 35 本に及ぶ！

A5、上製、総 1116 頁〈分売可〉定価各巻 13,200 円（本体 12,000 円＋税）

平敷屋朝敏を聴く　ISBN978-4-89805-237-2 C1327

西銘郁和著　平敷屋朝敏の実作品（組踊「手水の縁」、「若草物語」、「萬歳」、「貧家記」、「苔の下」）をひも解きながら琉球＝沖縄近世の和文学者の生き様を浮かび上がらせる、著者渾身の評論集である。

上製　470 頁、定価 4,950 円（本体 4,500 円＋税）

琉球弧叢書④

蔡鐸本 **中山世譜** 現代語訳

原田禹雄訳注　17 世紀末に成立した琉球王国の史書初の現代語訳注本。琉球史研究家必携の書。著者蔡鐸は国師蔡温の父。原本は 1972 年になって発見された。蔡温本『中山世譜』とは内容に異同が多い。

A5、上製　230 頁　定価 4,180 円（本体 3,800 円＋税）

琉球弧叢書㉔

訳注 **中山世鑑**

首里王府編・諸見友重訳注　琉球王国初の史書を初めて現代語で訳注した。初期の琉球王国史がいきいきと甦る。琉球の開闢から尚清王代までが記述されている。編者は羽地朝秀。琉球史研究家待望の書。

A5、上製　238 頁　定価 4,180 円（本体 3,800 円＋税）

琉球弧叢書⑲

島津氏の琉球侵略―もう一つの慶長の役

上原兼善著　1609 年の薩摩による琉球侵略という歴史的な転換点を、残された古文書をもとにその要因、過程、結果を分析する。

A5、上製　274 頁　定価 4,180 円（本体 3,800 円＋税）

清代使琉球冊封使の研究

曾　煥棋著　中国・清朝期における冊封琉球使の正使あるいは副使の事績や当時の中国の内情等を、中国史料を通じて明らかにする。冊封使録を読む上での基礎文献。

A5、上製、布装、函入　316 頁　定価 8,800 円（本体 8,000 円＋税）

近世琉球中国交流史の研究―居留地・組織体・海域

深澤秋人著　中国との対外交渉において琉球から中国に渡った渡唐使節の活動の実態。中国での生活や、福州琉球館をめぐる動向、薩摩を含め、琉球を軸とした東アジア海域での交易活動の態様等を、近年続々と発掘されている新史料をもとに解析していく。窪徳忠賞受賞論文。

A5、上製、布装、函入　400 頁　定価 10,340 円（本体 9,400 円＋税）

第 38 回（2010）伊波普猷賞受賞

琉球王国海上交渉史研究

岡本弘道著　海上交易拠点国家としての琉球王国の形成過程に、明代中国がどの様に関わっていたのかを明らかにし、琉球王国の実像を探る。琉中関係史研究の新しい地平を切り開いた必携書。

A5、上製、布装、函入　263 頁　定価 8,800 円（本体 8,000 円＋税）

上原　兼善（うえはら　けんぜん）

1944年、沖縄に生る。九州大学文学研究科博士課程中退、岡山大学名誉教授
著書に『鎖国と藩貿易』（1981）、『幕藩体制形成期の琉球支配』（2001）、『島津氏の琉球侵略』（2009）、『近世琉球貿易史の研究』（2017、徳川賞）

沖縄学術研究双書・16
境域の近世——慶長戦役後の琉球と薩摩

ISBN978-4-89805-244-0　C1321　　2023年　3月15日　印刷
2023年　3月20日　発行

著　者　上　原　兼　善
発行者　武　石　和　実
発行所　(有)榕　樹　書　林

〒901-2211　沖縄県宜野湾市宜野湾3-2-2
TEL 098-893-4076　FAX 098-893-6708
E-mail：gajumaru@chive.ocn.ne.jp
郵便振替　00170-1-362904

印刷・製本　(有)でいご印刷　Printed in Ryukyu

索　　引

【う】

【え】

【お】

【か】

【き】

【く】

【け】

【こ】

【さ】

【し】

【す】

【せ】

【そ】

【た】

【ち】

【つ】

【て】

【と】

【な】

【に】

【ぬ】

【ね】

【の】

【は】

【ひ】

【ふ】

【へ】

【ほ】

【ま】

【み】

【む】

【め】

【も】

【や】

【ゆ】

【よ】

【り】

【る】

【れ】

【ろ】

【わ】